Matthias Wenk

Leben zwischen drei Welten. Kirche in Bewegung

Matthias Wenk

Leben zwischen drei Welten. Kirche in Bewegung

Aufsätze und Vorträge

Fromm Verlag

Impressum/Imprint (nur für Deutschland/ only for Germany)
Bibliografische Information der Deutschen Nationalbibliothek: Die Deutsche Nationalbibliothek verzeichnet diese Publikation in der Deutschen Nationalbibliografie; detaillierte bibliografische Daten sind im Internet über http://dnb.d-nb.de abrufbar.

Coverbild: www.ingimage.com

Contact:
International Book Market Service Ltd., 17 Rue Meldrum, Beau Bassin, 1713-01 Mauritius
Website: www.bookmarketservice.com
Email: info@bookmarketservice.com

Gedruckt in: USA, UK, Deutschland. Dieses Buch wurde nicht in Mauritius produziert.

Imprint (only for USA, GB)
Bibliographic information published by the Deutsche Nationalbibliothek: The Deutsche Nationalbibliothek lists this publication in the Deutsche Nationalbibliografie; detailed bibliographic data are available in the Internet at http://dnb.d-nb.de.

Cover image: www.ingimage.com

Contact:
International Book Market Service Ltd., 17 Rue Meldrum, Beau Bassin, 1713-01 Mauritius
Website: www.bookmarketservice.com
Email: info@bookmarketservice.com

Printed in: U.S.A., U.K., Germany. This book was not produced in Mauritius.

ISBN: 978-3-8416-0210-7

Inhaltsverzeichnis

Einleitung

Kirche sein ist im wahrsten Sinn des Wortes spannend, denn die Kirche fühlt sich der „Welt der Bibel“ gegenüber genauso verpflichtet wie ihrer Zeit. Hinzu kommt oft noch die eigene Geschichte und Tradition, der man auch in irgendeiner Form gerecht werden möchte. Deshalb der Titel: Leben zwischen drei Welten.

Dieses Buch ist eine Sammlung von Referaten und Vorträgen, die im Laufe der letzten Jahre entstanden sind und z. T. das theologische Arbeiten und Ringen in einer pfingstlich-charismatischen Freikirche (BewegungPlus, Schweiz) widerspiegeln, die einerseits versucht ihr Erbe zu würdigen und andererseits nach neuen Zugängen zu verschiedenen Themen sucht. Dabei spielt die Eschatolgoie – was von Gott zu erwarten ist – genauso eine zentrale Rolle wie das Bibelverständnis oder der Umgang mit Prophetie in unserer Zeit. Der erste Teil dreht sich dann vor allem um Themen rund um die Kirche: Ihr Ursprung, ihr Auftrag und ihr Leben. Im zweiten Teil geht es um hermeneutische Fragen, also die „Verpflichtung“ gegenüber der Welt der Bibel, während der letzte Teil sich mit der Prophetie damals und heute beschäftig. Hier kommen die drei Welten definitiv miteinander in Berührung und geraten immer wieder auch in Spannung zueinander.

Die Texte sind jedoch nicht Ausdruck des theologischen Selbstverständnisses der BewegungPlus sondern des Autors, und daher nicht allgemeiner Konsens, sondern Beitrag zur theologischen Reflektion innerhalb der Bewegung. Andere Texte sind in der Auseinandersetzung mit christlichen Kirchen anderer Traditionen entstanden und versuchen das pfingstlich-charismatische Eigenverständnis darzustellen – sofern es *das* Selbstverständnis der pfingstlich-charismatischen Bewegung und Theologie überhaupt gibt. Die wissenschaftliche Diskussion diesbezüglich wird im Englischen Sprachraum sehr intensiv, und im deutschsprachigen Umfeld immer mehr geführt. Aber weil die Texte in einem jeweils ganz spezifischen Kontext entstanden sind, wird diese wissenschaftliche Diskussion nicht detailliert dokumentiert, sondern nur weiterführende Literatur angegeben. Daher wird auch auf ausführliche Fussnoten verzichtet.

Ursprung und Wesen der Gemeinde[1]

1. Einleitung

Wenn es um das Wesen und den Ursprung der Gemeinde geht, dann geht es vor allem um zwei Fragen:

1. Was macht eine Ansammlung von Menschen zur Kirche oder zum Volk Gottes? Und:
2. Wie kann eine Kirche Volk Gottes bleiben?

Diesen Fragen wird nachgegangen, indem die Gegenwart Gottes als dem Ursprung und bestimmenden Merkmal der Gemeinde hervorgehoben wird, und indem dargestellt wird, wie die Gemeinde auf diese Gegenwart Gottes in ihrer Mitte reagiert.

2. Die Gegenwart des Geistes als Identitätsmarker der Gemeinde

2.1 Gottes Gegenwart in seinem Volk

Es war schon immer die Absicht Gottes ein Volk zu haben. So ist im Alten Testament Gottes Verheissung an Israel konstitutiv für dessen Identität als solches: *„Ich werde bei euch bleiben und euer Gott sein und ihr werdet mein Volk sein*" (3. Mose 26, 12; vgl. 2. Mose 6,7; Jer. 7,23; 30, 22, etc.). Im Neuen Testament ist es dann die Gemeinde, welche dazu berufen ist, Volk Gottes zu sein. Der ganze Gedanke des Reich Gottes und einer Kirche als Gemeinschaft der Herausgerufenen setzt dieses Verständnis eines Volk Gottes voraus, denn die Herrschaft Gottes kann sich nur da verwirklichen, wo er als Herrscher ein Volk und ein Reich hat. Somit liegt der Ursprung der Kirche, der Ursprung des Reich Gottes (von dem die Kirche Teil ist, aber gleichzeitig ist das Reich Gottes immer mehr als die Kirche) einerseits in Gottes Wille zur Herrschaft und andererseits in seiner Selbstbindung an dieses Volk: „Ich werde bei euch bleiben."

Im Neuen Testament wird dieses „bei euch bleiben" durch die Gegenwart des Geistes in der Gemeinde ausgedrückt. Die Gegenwart des Geistes in der Gemeinde ist die Gegenwart Christi und die Gegenwart Christi ist die Gegenwart des Vaters in seinem Volk. Im Geist ist der dreieinige Gott in seinem Volk gegenwärtig, d.h. durch den Geist wohnt die Fülle Gottes bleibend unter seinem Volk, jedoch als Fülle nicht im Einzelnen.

---

[1] Vortrag im Rahmen der Neustrukturierung der BewegungPlus, gehalten an der Theologischen Tagung der BewegungPlus in Gunten, November 2005

Diese Gegenwart Gottes durch den Geist wird der Gemeinde an Pfingsten geschenkt, sie muss sie sich nicht holen noch selber bewirken, sie wird dann jedoch auf diese Gegenwart des Geistes reagieren.

Somit liegt der Ursprung der Kirche in Gott selber, indem er sich ein Volk ruft und indem er durch seinen Geist in diesem Volk gegenwärtig ist: „Die christliche Gemeinschaft entsteht aus der Gemeinschaft Gottes mit den Menschen und der Gemeinschaft der Menschen untereinander in dieser Gottesgemeinschaft.“[2] Oder noch zugespitzter in den Worten von Hans Küng:

> *Die Kirche ist also keineswegs etwas, was einige tüchtige und geschickte kirchliche Organisatoren, Administratoren und Manager schon organisieren, gestalten können, damit dann der Heilige Geist gleichsam einen Wirkplatz oder Ruheplatz finden könne. Nein, zuerst ist der Geist Gottes, in dem Gott in Freiheit die Kirche schafft ... Gewiss gibt es keine Kirche ohne das freie Zusammenkommen und die Entscheidung der Glaubenden. Aber die Glaubenden, die zur Kirche zusammenkommen, rufen sich nicht selbst zusammen. Ja sie rufen sich nicht einmal selbst zum Glauben. Gott selbst ruft sie durch Christi Wort in der Kraft des Heiligen Geistes zum Glauben und so zur Kirche als der Gemeinschaft der Glaubenden.* [3]

So wie im Alten Testament ein Gebäude durch die Gegenwart Gottes zum Tempel wurde, so wird heute eine Gemeinschaft von Menschen durch die Gegenwart des Geistes unter ihnen zur Gemeinde. Es ist jedoch nicht so, dass Gott durch den Geist in jedem Einzelnen voll gegenwärtig ist und jeder dann sozusagen den Geist zur Gemeinde mitbringt, sondern Gott ist in der Gemeinschaft gegenwärtig und wird erst dort gefunden; die Gemeinde ist der Leib Christi, nicht ein einzelner Mensch. Dadurch wird unterstrichen, dass es keine wirkliche Gemeinschaft mit Gott ohne eine Gemeinschaft mit Menschen geben kann. Wer Gott sucht, wird immer auch an seine Mitmenschen verwiesen.

2.2. Merkmale der vom Geist geformten Gemeinschaft

Nun ist es seit je her etwas schwierig von der Gegenwart des Geistes zu sprechen, weil damit meist ganz konkrete Bilder und Vorstellungen verbunden werden. Auf katholischer Seite wird die Frage nach der Gegenwart des Geistes in der Gemeinde über die Sakramente beantwortet. Indem die Kirche die Sakramente austeilt, ist der Geist gegenwärtig und wirksam unter seinem Volk. Klassisch Reformierte heben auf die Frage nach der Gegenwart des Geistes oftmals die Verkündigung hervor: Der Geist ist in der Verkündigung gegenwärtig und deshalb richtet die

[2] Jürgen Moltmann, *Der Geist des Lebens* (München: Chr. Kaiser, 1991), S. 251.
[3] Hans Küng, *Die Kirche* (Basel: Herder Verlag, 1967), S. 211-212.

Verkündigung auch aus, wozu sie ausgesandt ist. Die pfingstlich-charismatische Gemeinde verbindet mit der Gegenwart des Geistes eher Heilungen, Prophetien, Zeichen und Wunder, oder eine bestimmte Form von Gottesdiensten.

Weil so viele Menschen so ganz Unterschiedliches als „Gegenwart des Geistes" beschreiben, ist es ratsam, einige Merkmale dieser Geistesgegenwart in der Gemeinde herauszustreichen. Wir machen das, indem wir nach der Qualität der Gemeinschaft fragen, die durch die Gegenwart des Geistes geformt wird:

- Der Geist formt eine Gemeinschaft des **Friedens**. So schreibt Paulus in seinen Ausführungen rund um die Gegenwart des Geistes in der Gemeinde: *„Gott liebt doch nicht die Unordnung, sondern er schafft Frieden!"* (1. Kor. 14,33). Auch bei Jesaja wird die Wüste durch die Gegenwart des Geistes zu einem Ort des Friedens (Jes. 32,15-18). Somit soll das Leben und Handeln der Gemeinde in dieser Welt voller Kampf und Widerspruch dem Frieden Gottes entsprechen (1. Kor. 7,15; Eph. 4,3) und wird dadurch eine „geschichtliche Darstellung der eschatologischen Friedensordnung Gottes".[4] Wenn die Gemeinde eine Darstellung der Friedensordnung Gottes in dieser Welt ist, die miteinander versöhnt was bisher getrennt war (Epheserbrief), dann werden wir keine Gemeinschaften bilden können, die sich einfach nach gemeinsamen Interessen formieren. Der Friede Gottes vereinte den Zeloten mit dem Kollaborateur und war deshalb so eindrücklich. Wenn wir Gemeinden und Kleingruppen bilden, in denen sich gleich und gleich gesellt, ist das keine Darstellung der Friedensordnung Gottes. Im Friedensreich Gottes gesellen sich immer ungleich und ungleich miteinander: Der Löwe wird beim Lamm wohnen. Somit formt der Friede Gottes keine Gemeinschaft Gleichgesinnter, sondern versöhnter Ungleicher. Wenn unsere Gemeinden nicht generationsübergreifend, Geschlechter und Rassen verbindend sind, stellen sie nur sehr verzerrt die neue Friedensordnung Gottes dar. Ebenso sollten sie verschieden soziale Schichten und Subkulturen miteinander verbinden, um so in unserer Zeit eine Vorwegnahme des erwartenden Friedenreiches sichtbar zu machen.
- Der Geist formt eine Gemeinschaft der **Freiheit**, denn die Gemeinde soll *„in der Freiheit bestehen, zu der Christus uns befreit hat"* (Gal. 5,1). Somit ist die Kirche die Gemeinschaft der Freien und alle ihre Ordnungen sind Freiheitsordnungen. Sie hat es nicht nötig über Druck zu arbeiten. Diese Freiheit ist jedoch immer eine Freiheit zur Gerechtigkeit und Barmherzigkeit und keine individualistische Selbstverwirklichung, welche ja lediglich eine

[4] Moltmann, Kirche in der Kraft des Geistes (München: Chr. Kaiser, 19892), S. 319.

Spielart der eigenen Verfangenheit ist. Durch die Gegenwart des Geistes sind die Menschen von der Unterdrückung durch innere Zwänge und durch andere Menschen befreit, *denn in Christus ist weder Jude noch Heide, weder Mann noch Frau, weder Sklave noch Freier* (Gal. 3,28; Kol. 3,11). Somit soll unsere Struktur die Befreiung durch Christus darstellen. Sie wird Autorität und Leitung kennen, aber keine hierarchische Vorherrschaft und keine Machtstrukturen. Sie wird Menschen nicht entmündigen, sondern in Freiheit ihrer Bestimmung zuführen. Sie ist frei, barmherzig zu sein und richtet sich in ihren Werten nicht einfach nach den gesellschaftsüblichen Normen und Werten. Sie ist frei Barmherzigkeit vor Pflicht zu setzen, sie ist frei, Berufung zu erkennen und zu leben, und vor allem ist sie befreit für die Gemeinschaft. Sie ist befreit vom Zwang sich selber verwirklichen zu müssen. Als Schar der Befreiten durch den Geist besitzt jede Gemeinde zudem ihre eigene Würde und zwar unabhängig davon, wie modern oder wie erfolgreich sie in unseren Augen ist. Allein die Tatsache, dass sie die von Christus befreite Gemeinde ist, gibt ihr eine Würde und Daseinsberechtigung, die ihr niemand nehmen kann. Als Folge davon handelt die Gemeinde einerseits aus dieser Freiheit und Würde heraus und andererseits handelt sie immer entsprechend dieser Freiheit und Würde.

- Der Geist formt eine Gemeinschaft der **Herrschaft Christi**, denn Christus hat die Mächte und Gewalten entmachtet und seine Herrschaft angetreten. Durch Christi Herrschaft entsteht eine neue Ordnung aller Dinge, es ist eine Herrschaft zur Befreiung, denn in seiner Auferstehung hat Christus *„das Gefängnis gefangengeführt und den Menschen Gaben gegeben"* (Eph. 4,8), er hat die Mächte dieser Welt entmachtet (Gal. 4,3). „Diese Gaben und Aufgaben, die der erhöhte Christus gibt und einsetzt, sind Kräfte des vom Gefängnis befreiten Lebens, ... [und] ist das Gefängnis gefangen, sind die Mächte entmachtet, dann ist die Welt anders geworden. Das wird zuerst in der Gemeinschaft Christi durch Glauben und Hoffen, Nachfolge und neue Gemeinschaft wahrgenommen."[5] Die Gemeinde als Ort der Herrschaft Christi ist nicht einfach die Diktatur aller oder der Mehrheit, noch ist sie die Theokratie der Gemeindeleitung, sondern sie ist die radikale Hoffnung des Gottesvolkes in Zeiten der Verzweiflung, sie ist die Verweigerung der Gemeinde sich dieser Welt anzupassen, sie ist die Anerkennung der Werte des Reiches Gottes, auch wenn uns diese paradox erscheinen. Wir sind nicht frei in unserer Wertewahl, denn in der Herrschaft Christi sind diese für uns definiert. Somit ist die Gemeinde als Ort der Herrschaft Christi immer auch Kontrast zur Welt

[5] Ibid. S. 320.

um sie herum. Sie hebt sich von dieser Welt ab wie die Stadt auf dem Berg (Mat. 5,14). Die Frage ist jedoch wie sie das tut?[6]

- Der Geist formt eine Gemeinschaft der **schöpferischen Lebenskraft**, indem er eine Fülle von Geschenken und Kräften austeilt: *Das Charisma Gottes ist das ewige Leben in Christus Jesus, unserem Herrn"* (Röm. 6,23). Im Neuen Testament sind es dann nicht mehr nur einzelne auserwählte Propheten, Priester oder Könige, sondern das ganze Volk, das mit diesen Gaben beschenkt wird. Jürgen Moltmann hat dieses charismatische Leben der Gemeinde folgendermassen zusammengefasst: „Jedem das Seine! Alle füreinander! Gemeinsam der Welt das rettende Leben Christi bezeugen!"[7] Und weil das Leben in seiner Kraft sich immer auch verändert, kann sich auch die Gemeinde in ihren Strukturen verändern. Strukturen dienen dem Leben, sind wichtig für das Leben und nie ein Gegensatz zu den Charismen. So wie die Knochen und Sehnen in der Vision des Hesekiels ohne den Geist leblos sind, so ist der Geist ohne die Knochen körperlos und daher nicht wirklich wirksam.

Wir fassen zusammen: Die Gemeinde hat ihren Ursprung im Willen Gottes zur Herrschaft und in seiner Freiheit sich ein Volk zu rufen, indem er selber gegenwärtig ist. Somit ist es die Gegenwart des Geistes als Ausdruck der Gegenwart Gottes selber, was eine Gemeinschaft zur Ekklesia Gottes macht. Die Merkmale dieser Geistesgegenwart sind immer die Verwirklichung von Friede und Freiheit in Gerechtigkeit und Barmherzigkeit, der Herrschaft Christi und schöpferischer Lebenskraft. So gesehen ist die Kirche immer Werk des Geistes und Werkzeug des Geistes zugleich, Zeichen und Zeugnis der Herrschaft Christi, sie ist Ausführende und Ergebnis des Auftrags zugleich.[8] Die Fragen, die sich in Bezug auf die Strukturen der Gemeinde stellen, sind:

- Wird durch die Struktur der Friede Gottes modellhaft in dieser Welt dargestellt? Wo und wie?
- Erfährt die Gemeinde durch ihre Struktur die Freiheit Gottes, zu der sie berufen wurde, und zwar zu einer Freiheit der Gerechtigkeit und der Barmherzigkeit, und gerade nicht zur individualistischen Selbstverwirklichung?
- Verkörpern ihre Werte die Herrschaft Christi unter ihr, und welche werden sichtbar – welche allenfalls nicht?
- Entfaltet sich durch die Form das Leben Gottes in seiner ganzen Bandbreite, oder wird es eingeengt, verunmöglicht — oder durch Formlosigkeit verunmöglicht?

---

[6] Für konkrete Vorschläge diesbezüglich, siehe J. H. Yoder, *Die Politik des Leibes Christi. Als Gemeinde zeichenhaft leben* (Schwarzenfeld: Neufeld Verlag, 2011)
[7] Moltmann, *Kirche*, S. 325.
[8] Dazu sehr ausführlich: H. Berkhof , *Theologie des Heiligen Geistes* (Neukirchen-Vluy: Neukirchner Verlag, 1968), S. 34-73 und H. Küng, *Kirche*, S. 203.

Nun stellt sich die Frage, welche die angemessene Reaktion der Gemeinde auf die Gegenwart des Geistes ist?

3. Die Antwort der Gemeinde: Treue und Gehorsam gegenüber der Gegenwart des Geistes

Grundsätzlich bleibt die Ekklesia Volk Gottes, indem sie im Gehorsam und in Treue auf den Ruf Gottes und die Gegenwart des Geistes in ihr reagiert. Diese Treue umfasst sechs Aspekte.

3.1 Die Treue in ihrem Bekenntnis

In Matthäus 16,13-20 finden wir den viel diskutierten Text des Bekenntnisses des Petrus mit der Zusage Jesu: *„Du bist Petrus und auf diesen Felsen werde ich meine Kirche bauen, und die Mächte der Unterwelt werden sie nicht überwältigen“* (Mt. 16,18). Diese Zusage erhält Petrus nach seinem Bekenntnis: *„Du bist der Messias, der Sohn des lebendigen Gottes“* (Mt. 16,16). Dass Jesus hier seine Kirche auf dem Fels aufbaut, sagt etwas über ihre Dauerhaftigkeit aus. So wie das Haus auf dem Felsen auch Stürmen standhält, so wird die Kirche, die auf dem Fels gebaut ist, selbst die Totenwelt überleben, denn die Kirche hat eine unvergängliche Dauer.

Diese dauerhafte Standhaftigkeit hat sie jedoch nur, indem sie in Treue auf die Offenbarung Gottes reagiert und Christus als ihren Herrn in Wort und Tat bekennt. Man könnte auch sagen: Eine Kirche „gemäss Petrus“, „ist wie Petrus dauernd auf den Lehrer Jesus angewiesen und seiner Lehre verpflichtet.“[9] Die Kirche ist aber auch dann diesem Jesus verpflichtet, wenn er sich ihr in unverständlichen Kategorien offenbart oder gar entzieht, so wie Jesus unmittelbar an das Bekenntnis des Petrus, als er von seinen Leiden und seiner Ablehnung sprach. Die Kirche ist nur so lange Volk Gottes, wie sie in Treue die ganze Offenbarung Gottes immer wieder bekennt und sich dadurch weigert, einen selbstdefinierten Gott zu bekennen. Sie bekennt den Gott, der mitten unter ihr wohnt: Den Gott des Leides und der Freude, der Heilung und des Schmerzes, der Gott der Nähe und der Gottverlassenheit am Kreuz zugleich.

In Bezug auf die Verkündigung bedeutet das, dass die Kirche vorrangig die Offenbarung Gottes selber verkündet und bekennt. Sie kann ihre Verkündigungsschwerpunkte und Themen nicht einfach selber festlegen, sondern ist sozusagen aufgefordert, Gott selber zu Wort kommen zu

[9] U. Luz, *Das Evangelium nach Matthäus*, Band 2, S. 471. Luz bemerkt dann in der Auseinandersetzung mit der katholischen Lehre vom Primat des Petrus: Petrus ist zwar der Fels der Gemeinde, aber der Fels ist nicht identisch mit dem Haus. Daher gibt es selbst im Bild keine Sukzession, denn das Haus wird gebaut, nicht das Fundament ständig vergrössert.

lassen. Daher hat die Auslegungspredigt und der Umgang mit der Bibel einen zentralen Stellenwert in der Verkündigung ohne die Offenbarung Gottes jedoch darauf zu begrenzen. An dieser Treue zur Botschaft Jesu (diese Treue gegenüber Jesus ist nicht zu verwechseln mit einem Biblizismus oder einem wörtlichen Inspirationsverständnis) hängt die ganze Glaubwürdigkeit der Kirche und diese Treue wird sich immer im Lebensvollzug der Kirche erweisen, denn sie ist immer auch Treue gegenüber den Menschen, vor allem den Not leidenden und Unterdrückten.

3.2 Die Treue in ihrer Anbetung

Eine ganz spezielle Ausdrucksform des treuen Bekenntnisses ist die Anbetung. Über Anbetung zu sprechen ist in unserer Zeit genau so schwierig wie über die Gegenwart des Geistes in der Gemeinde, weil Anbetung oft mit persönlicher Auferbauung und Frömmigkeit verbunden wird. Im Neuen Testament jedoch ist Anbetung nicht einfach eine erbauliche private oder innerliche Angelegenheit. Anbetung ist ein (zuweilen risikoreicher) Akt öffentlicher Proklamation und Quelle der Widerstandsfähigkeit gegenüber dem Götzendienst der eigenen Zeit. Indem die Kirche Christus anbetet und bekennt: „Christus Kurios“, weigert sie sich, irgendetwas anderem Macht über sich zuzusprechen als dem gekreuzigten Lamm Gottes. Weder Geld noch Erfolg, weder Methoden noch Ideale *bestimmen* ihr Leben, sondern der gekreuzigte und auferstandene Herr allein ist prägend für ihre Werte und ihr Handeln. In der Anbetung des Einen, in der Anbetung des Gekreuzigten und Auferstandenen, werden alle anderen Mächtigen, Starken, Schönen und Siegreichen als Götzen enttarnt und demaskiert. Nirgends wie in der Anbetung kommen die Grundwerte der Kirche so klar zum Vorschein: Zeig mir den Christus, den du anbetest, und ich sage dir deine Werte. Und da, wo die Kirche nicht mehr „das Lamm, das geopfert ward“ anbetet, da ist die Götzenanbetung nicht mehr fern. Die Anbetung des wahren Gottes wie er sich mitten in der Gemeinde offenbart, ist die einzige Möglichkeit, der Vergöttlichung menschlicher Ideale oder Möglichkeiten zu widerstehen. Einzig die Anbetung Gottes kann uns in unserer Zeit davor bewahren, menschliche Systeme zu verabsolutisieren. Ohne dieses Bewusstsein um die „Öffentlichkeit“ der Anbetung, fehlt der Gemeinde die Resistenz gegen den Zeitgeist.

3.3 Die Treue in ihrer Nachfolge

Die Kirche, die Christus als den Messias bekennt, ist zur Nachfolge und zum Gehorsam aufgerufen: „*Nicht jeder, der zu mir sagt: Herr! Herr! wird in das Himmelreich kommen, sondern nur, wer den Willen meines Vaters im Himmel erfüllt. Viele werden an jenem Tag zu mir sagen: Herr, Herr, sind wir nicht in deinem Namen als Propheten aufgetreten und haben wir nicht mit deinem Namen Dämonen ausgetrieben und mit deinem Namen viele Wunder vollbracht? Dann werde ich ihnen antworten: Ich kenne euch nicht. Weg von mir, ihr Übertreter des Gesetzes! Wer diese meine Worte hört und danach handelt, ist wie ein kluger Mann, der sein Haus auf Fels [!] baute*" (Mt. 7,21-24).

Diese Nachfolge ist immer ein Akt des Gehorsams, oder wie Bonhoeffer es ausdrückte: „Nachfolge ist kein Angebot des Menschen ... [noch] schwärmerische Verehrung eines guten Meisters, sondern Gehorsam gegen den Sohn Gottes ist die Existenz des Nachfolgenden".[10] Deshalb ist im Neuen Testament auch so viel vom Glaubensgehorsam die Rede. Dieser Glaubensgehorsam führt zu einer Art *Façon de vivre,* dem messianischen Lebensstil der Gemeinde. Diesen könnte man auch in den Kategorien Christoph Blumhardts ausdrücken, der von der Nachfolge „als der Umkehr von der Sorge um das eigene Ich zur Hoffnung auf die Erlösung der Welt hin" sprach. Das wird wohl auch der Beweggrund der ersten Gemeinde gewesen sein, sich von ihren Gütern zum Wohl der Gemeinschaft zu trennen oder trotz römischer Repressalien Christus als „Kurios" zu bekennen. So gesehen lebt die Gemeinde in ihrer Nachfolge von der Hoffnung auf das kommende Reich und wird dadurch von der Angst um sich selber befreit. Deshalb hat Bultmann recht, wenn er sagt: „Der Wiedergeborene ist sich gleichsam selbst voraus; er lebt aus dem, was auf ihn zukommt, nicht aus dem, was sich in ihm vorfindet."[11] Und was für den Wiedergeborenen gilt, gilt erst recht für die Kirche: Sie lebt aus dem, was auf sie zukommt und folgt im treuen Gehorsam dem wiederkommenden Christus nach.

3.4 Die Treue in der Handhabung der Sakramente

Die Kirche ist eben nicht nur Institution, nicht nur lebendiger Organismus, sie ist auch Kult[12] und daher nicht frei, die gottesdienstlichen Handlungen selber zu definieren und festzulegen. Der Gott, dem sie dient, legt selber fest durch welche Rituale und Handlungen wir Menschen uns ihm nähern können. Und zu diesen Ritualen gehören die Taufe und das Abendmahl (und die Fusswaschung?), die aber immer mehr als nur „persönliche Rituale" sind, sondern gleichzeitig auch Formen der sozialen Interaktion im erneuerten Gottesvolk.[13]

---

[10] D. Bonhoeffer, *Nachfolge* (München: Chr. Kaiser, 1937), S. 35 + 49.

[11] R. Bultmann, *Evangelium des Johannes*, S. 93.

[12] Kult: „an feste Vollzugsformen gebundene Religionsausübung einer Gemeinschaft" (Duden, *Fremdwörterbuch*, S. 457).

[13] Zur Bedeutung von Taufe, (Fusswaschung) und Abendmahl für die Sozialethik, siehe M. Wenk, „The Church as Sanctified Community", in J.C. Thomas (ed.), *Toward a Pentecostal Ecclesiology. The Church and the Fivefold Gospel.* Cleveland, TN: CPT Press, 2010, pp. 105-35 sowie Yoder, Politik.

Taufe und Abendmahl sind mehr als nur „Gehorsamsschritte", sie sind am Leib erfahrbare, sichtbare und verständliche Zeichen für eine Gotteserfahrung, sie sind „Lebenszeichen der Kirche, weil sie Zeichen dessen sind, der ihr Leben ist."[14] Die Erfahrung der Taufe ist die Erfahrung des Angenommen seins: „*Du bist mein geliebter Sohn, an dir habe ich Gefallen gefunden*" (Mk. 1,11), und im Zusammenhang mit der Verkündigung des Täufers ist sie „Zeichen der Ankunft Gottes im Leben eines Menschen und dessen Umkehr zur Zukunft."[15]

Das Zeichen des Abendmahls ist das Zeichen des messianischen Festmahls und somit Zeichen der Versöhnung und der dadurch versöhnten Gemeinschaft sowohl mit Gott wie auch miteinander. Es ist die Erfahrung miteinander von Gott eingeladen zu sein. Und die Fusswaschung ist die gegenseitige Zusicherung der Reinigung durch Christus.

Somit sind Taufe, Abendmahl und Fusswaschung ihrem Wesen nach „einschliessende Rituale", durch welche der einschliessende Charakter des Reiches Gottes sichtbar gemacht wird.

3.5 Zusammenfassung

Fazit ist: Der tragende Grundwert jeder Kirche ist immer ihre Treue gegenüber der Offenbarung Gottes, wobei gerade diese Treue die Kirche immer wieder an ihre Mitmenschen verweisen wird. Man Gott nicht treu sein, ohne es nicht auch seiner Schöpfung gegenüber zu sein. Und wenn die Treue das tragende Element ist sollte alles, was auf dem Fundament aufgebaut wird, mit dem Fundament kompatibel sein. Diese Treue manifestiert sich in ihrem Bekenntnis, in dem was sie anbetet, in ihrer Nachfolge und in der Handhabung der Sakramente als Ausdrucksformen der versöhnenden und alle Menschen mit einschliessenden Kraft des kommenden Reiches Gottes.

4. Schlussfolgerung

Die Frage nach dem Ursprung und dem Wesen der Kirche wird somit nicht auf einer organisatorischen oder strukturellen Ebene beantwortet, sondern die Gemeinde besteht, weil sie als solches von Gott identifiziert wird und weil er durch seinen Geist in ihr gegenwärtig ist. Das Wesen der Gemeinde ist das einer vom Geist geformten Gemeinschaft des Friedens, der Freiheit, der Herrschaft Christi und der schöpferischen Lebenskraft. Die so ins Leben gerufene Gemeinde besteht nur als solche in ihrer Treue gegenüber Gott – und dadurch auch gegenüber der Schöpfung – a) in ihrem Bekenntnis, b) ihrer Anbetung, c) ihrer Nachfolge und d) in der

[14] Moltmann, *Kirche,* S. 269
[15] Ibid., S. 260.

Ausübung der von Christus eingesetzten Sakramente. Somit sind Form und Struktur vielleicht zweitrangig, aber nicht nebensächlich, denn sie müssen immer Ursprung und Wesen der Gemeinde widerspiegeln, denn nur so wird in ihr als geschichtliches Abbild der Erlösung Gottes auch dessen Wesen sichtbar. Die Form muss dem Inhalt gerecht werden.

Am Schluss gilt: Die Kirche ist keine Gesinnungsgemeinschaft und Christus ist nicht einfach ihr Grundwert, sondern sie ist die „irdische Gestalt seiner [Gottes] weltüberwindenden Herrschaft und Instrument seiner Befreiung der Welt.“[16]

Fragen zur persönlichen Vertiefung

1. Woran erkennen wir unserer Meinung nach die Gegenwart des Geistes in der Gemeinde, und wie verhält sich das zum Gehörten (Friede, Freiheit, Herrschaft Christi, schöpferische Lebenskraft)?
2. Wo und wie wird durch unsere Struktur der Friede Gottes bereits modellhaft dargestellt?
3. Wie sieht Leitung aus, wenn der Geist eine Gemeinschaft der Freiheit formt?
4. Wo und wie leben wir als Gemeinde Kontrast zu unserer Gesellschaft aus?
5. Über welche Themen spricht Gott in der Bibel, aber ich in der Verkündigung kaum? – Welche biblischen Bücher / Texte kommen bei mir eher zu kurz?
6. Welche Aufgabe erfüllt die Anbetung in unseren Gottesdiensten – und wie verhält sich das zum Gehörten?

[16] Moltmann, *Kirche*, S. 321.

Wie kommt Christus und sein Heil in diese Welt?[17]

Für die Arbeit mit Gruppen bietet sich folgender Einstieg an:

- Textmeditation zu Mat. 14,15-21, inkl. Notizen
- Gruppenaustausch zu folgenden Fragen

a) Was hat der Text in mir ausgelöst?

b) Worin bestand das Wunder Jesu und wann haben es die Jünger erlebt?

1. Der Auftrag der Gemeinde

Grundsätzlich gehen wir als Kirche davon aus, dass es Gott selber ist, der das Heil in diese Welt bringt und seine Ziele mit seiner Schöpfung verwirklicht. Wir können das Heil weder verwirklichen noch irgendwie herbeiführen. Und doch sind wir gerufen, das Evangelium weiterzugeben. Für uns stellt sich in der Gemeindearbeit dadurch die Frage: Worin liegt unser Teil, unser Auftrag, um ein Ziel zu erreichen, das wir so gesehen nicht realisieren können? Dass wir einen Teil darin spielen, wird auch im Neuen Testament vorausgesetzt, denn auf die Frage, wie das Heil in diese Welt kommt, gibt das Neue Testament eine zweifache Antwort: durch seinen Geist und durch die vom Geist erfüllte Gemeinde. Diese zweifache Antwort geht von der Überzeugung aus, dass die Gemeinde als Wohnung des Geistes sozusagen eine Dimension des Seins Jesu Christi in dieser Welt ist, durch die „das Wort immer wieder neu Fleisch wird". So banal diese Feststellung ist, so hellhörig macht sie uns. Die Antwort auf die Frage, wie Gott zu uns Menschen kommt, wird im Neuen Testament rein theologisch und nicht über Konzepte, Projekte oder menschliche Aktivitäten beantwortet, und geht konsequent von der Gestaltwerdung Christi auf dieser Welt aus.

Die grundlegende Frage ist somit nicht, welches Projekt oder welche Gemeindeform am wirkungsvollsten für unser Ziel ist, das wir ja sowieso nicht verwirklichen können, sondern die Frage ist, wie Christus durch uns Gestalt gewinnt und in der Welt sichtbar wird? Oder anders ausgedrückt: Wie werden durch die Gemeinde in der Welt die vier Aspekte des Heils sichtbar: Gemeinschaft mit Gott, persönliche Wiederherstellung, versöhnte Gemeinschaft und kosmische Neuschöpfung?[18] Damit wird deutlich: Heil kommt immer nur von Christus und die Aufgabe der

---

[17] Vortrag ursprünglich gehalten an der Theologischen Tagung der BewegungPlus, November 2006.

[18] Diese vier Aspekte des Heils wurden an der Tagung im vorhergehenden Referat von Thomas Eggenberg herausgearbeitet.

Gemeinde ist es, dass Christus durch sie in dieser Welt Gestalt gewinnt.[19] Wir sind somit primär zum Gehorsam und weniger zur „Zielverwirklichung" aufgerufen.

Dass das Heil immer von Gott ausgeht, entspricht der protestantischen Position von sola gratia und sola fide: Heilserfahrungen sind für uns Menschen immer das Erleben von Gnade und können nur im Glauben empfangen werden. Dieser Gedanke wird im Neuen Testament auch konsequent durchgezogen in der Art und Weise, wie vom Reich Gottes geredet wird: Es kommt auf den Menschen zu, wird ihm gegeben, fordert vom Menschen Gehorsam etc., nie aber wird es gebaut, durch Menschen errichtet oder herbeigeführt.[20] Gleichzeitig jedoch versinkt der von Gott empfangende Mensch in der Bibel nie in eine Passivität, sondern wird durch die erlebte Gnade zum Handeln befreit.

Wenn es um die Frage geht, welche Rolle die Gemeinde in der Heilsübermittlung spielt, ist in den biblischen Erzählungen immer von einem geheimnisvollen Ineinander von Gottes Wirken in dieser Welt und menschlichem Handeln die Rede. So kommt das Heil klar von Gott her, aber beinahe ausschliesslich über menschliche Kanäle: Noah baute die Arche; Mose führte das Volk in die Freiheit; die Jünger teilen das Brot aus, die Kirche bezeugt Christus; Menschen teilen Hab und Gut mit Notleidenden, etc.: Die Kirche wird in ihrem Handeln und Bekennen zum Kristallisationspunkt der Liebe, der Versöhnung, der Gerechtigkeit und des Erbarmens Gottes. Deshalb gilt nebst der Aussage, dass das Heil immer von Gott aus kommt, auch: Wer das Heil Gottes direkt und pur von ihm möchte, wird es nie empfangen können, denn Gott und sein Heil kann immer nur mit und durch seine Menschen empfangen werden; Gott hat sich unlösbar an seine Schöpfung und sein Volk gebunden.

Für uns als Kirche heisst das: Das Heil – und das Reich Gottes als Metapher für das zukünftige Heil – sind nicht machbar, aber wir bezeugen das erlebte Heil, wir erwarten und empfangen es, wir leben antizipatorisch auf dieses Reich hin, und indem wir so leben, werden wir zum Licht dieser Welt.

---

[19] Karl Barth hat dies folgendermassen ausgedrückt: „Als das von Jesus Christus geschaffene und ihm gehorsame Volk ist [die Kirche] … aufgerufen und bewegt, für *Gott*, aber eben weil für Gott, darum *für die Welt* … da zu sein", denn Gott ist immer *für die Welt*, und wenn die Kirche für Gott da ist, ist sie gleichermassen für die Welt da. (Karl Barth, *KD* IV/3, s. 873.)

[20] Einzig in Kolosser 4,11 ist vom „Mitarbeiter im Reich Gottes" die Rede. Wobei hier Reich Gottes nicht soteriologische Grösse ist, sondern das Umfeld der Mitarbeit definiert.

2. Unsere Rolle in der Heilsübermittlung

Dieses geheimnisvolle Ineinander von göttlichem Wirken und menschlichem Handeln kann in vier verschiedenen Kategorien oder „Handlungsfeldern" dargestellt werden.

2.1 Erwarten, Beten, Hoffen, Sehnen, Suchen

Die Gemeinde ist primär die hoffende, die wartende und sich nach dem Reich Gottes sehnende Gemeinde. Deshalb betet sie: „Unser Vater im Himmel, geheiligt werde dein Name, dein Reich komme, dein Wille geschehe." In diesem Gebet bekennt die Kirche, dass das Reich Gottes noch nicht seine endgültige Gestalt angenommen hat und sie nährt in sich die Hoffnung und die Sehnsucht nach diesem Reich. Kirche ist somit immer erwartende, hoffende, betende und sehnende Kirche – und damit verbunden auch leidende Kirche, denn die Kirche leidet unter dem gegenwärtigen unerlösten Zustand dieser Schöpfung (Röm 8,18-30). Wenn die Gemeinde immer die wartende Gemeinde ist, bedeutet das auch, dass ihr Leben, Handeln und Leiden ganz und gar von dem erwartenden Reich Gottes bestimmt ist. Die Hoffnung und die Sehnsucht nach dem Reich Gottes bestimmen das Leben der Gemeinde vor allen Nützlichkeitserwägungen und Strukturüberlegungen. „Konkret heisst das, dass die Kirche ... Entscheidungen trifft oder vorschlägt, welche scheinbar den Charakter der Utopie tragen können, welche aber einen ganz anderen Realismus voraussetzen, als die Welt ihn kennt. Es ist dies der Entscheidungsrealismus der Kirche jenseits von Mächten wie Hass, Neid, Angst, Rache und Fatalismus."[21]

Diese Erwartung als Grundlage im Leben der Kirche ist ebenfalls notwendige Grundlage für alles Handeln und Leiden der Kirche, denn „Sinnvolles Handeln ist immer nur in einem Erwartungshorizont möglich, sonst würden alle Entscheidungen und Aktionen verzweifelt ins Nichts stossen und unverständlich sinnlos in der Luft hängen."[22]

2.2 Empfangen; sich geben lassen

Als betende Gemeinde ist die Kirche immer auch empfangende Gemeinde: Lk. 11,1-13. Das Reich Gottes wird der Gemeinde zugesprochen (Mat, 5,3; 5,10, 19,14; 21,43; 25,34; Mk. 4,11; 10,14; Lk. 6,20; 8,10; 14,15; 18,16-17; 22,29-30; 1. Kor. 6,9 (ererben); 15,14 + 50; Gal. 5,21; Eph. 5,5; Hebr. 12,28), sie muss es sich nicht erarbeiten noch kann sie es sich selber geben. Auch Paulus wusste das, als er schrieb, dass es immer Gott sei, der das Wachstum gebe (1. Kor. 3,7). Das bedeutet, dass die Gemeinde nicht aus ihren eigenen Ressourcen heraus lebt, sondern aus

---

[21] Hans Ruh, Sozialethischer Auftrag und Gestalt der Kirche (Zürich, TVZ, 1971), S. 157-58.
[22] J. Moltmann, *Theologie der Hoffnung* (Chr. Kaiser Verlag, 1966), S. 301.

dem, was ihr gegeben wird, deshalb ist die Gemeinde „charismatisch", die Empfängerin von Geschenken.

Die Gemeinde empfängt die vier Dimensionen des Heils bereits im Hier und Jetzt zeichenhaft und antizipatorisch: Wiederherstellung der Gemeinschaft mit Gott, Wiederherstellung der Persönlichkeit, versöhnte Gemeinschaft, und in jeder Heilung erlebt sie auch schon etwas von der endgültigen kosmischen Neuschöpfung. Und weil sie dieses Heil nur punktuell, nur zeichenhaft und antizipatorisch empfängt, empfängt sie es im Glauben, d.h. die Gemeinde geht für ihr Selbstverständnis, für ihre Entscheidungen und ihr Handeln immer vom erwarteten Heil und Vertrauen in Gott aus, der dieses Heil verwirklicht. Im Glauben empfangen heisst für die Gemeinde dann: Die bestimmende Realität in ihrem Leben ist das Vertrauen in Gott, der seine Ziele mit dieser Welt verwirklichen wird; die Gemeinde lebt vom Ziel her; von der Hoffnung auf die endgültige und umfassende Erneuerung dieser Welt. Deshalb lebt die Gemeinde immer im Kontrast zu dieser Welt und ist wie eine Stadt auf dem Berg, die nicht verborgen bleiben kann.

2.3 Bezeugen in Wort und Tat

Weil die Gemeinde empfangen hat, kann sie nun auch als von Gott Ausgesandte das erlebte Heil durch Wort und Tat bezeugen und weiter verschenken: *Jesus sagte noch einmal zu ihnen: Friede sei mit euch! Wie mich der Vater gesandt hat, so sende ich euch. Nachdem er das gesagt hatte, hauchte er sie an und sprach zu ihnen: Empfangt den Heiligen Geist! Wem ihr die Sünden vergebt, dem sind sie vergeben; wem ihr die Vergebung verweigert, dem ist sie verweigert.* (Joh. 20,21-23). Vor der Sendung wird der Gemeinde Friede zugesagt, dadurch hebt sich ihre Sendung vom Aktivismus ab. Nach der Sendung empfängt sie Heiligen Geist, d.h. wie auch Jesus bezeugt die Gemeinde nicht sich selber, sondern nur, was sie gehört hat (Joh. 8,26). Ihre Vollmacht gründet nicht in sich selber, sondern in ihrem Auftrag und in der Gegenwart des Geistes in ihrer Mitte. Daher gilt: „Nicht die Kirche hat eine Mission zu erfüllen in dieser Welt, sondern es ist die Mission des Sohnes und des Geistes ... welche die Kirche mit einschliesst und die Kirche dadurch ins Leben ruft ..."[23]

Das Zeugnis der Gemeinde ist immer bevollmächtigtes Zeugnis: „*Verkündet ihnen: Jetzt wird Gott seine Herrschaft aufrichten und sein Werk vollenden! Heilt die Kranken, weckt die Toten*

[23] Ralph Del Colle, „The Outpouring of the Holy Spirit: Implications for the Church and Ecumenism," The Holy Spirit, The Church, And Christian Unity D. Donnelly, A. Denaux, J. Famerée (eds), Leuven: Leuven University Press, Uitgeverij Peeters, S. 250.

auf, macht die Aussätzigen rein und treibt die bösen Geister aus! Umsonst habt ihr alles bekommen, umsonst sollt ihr es weitergeben" (Mat. 10,7-8).

Sowohl die Evangelien wie auch Paulus machen jedoch klar, dass diese Vollmacht immer eine erleidende und eine erlittene Vollmacht ist: Nach einigen Stellen des Neuen Testaments ist gerade das Leiden und der Tod Jesu der Zeitpunkt seines Sieges über das Teuflische in dieser Welt. (Joh. 12,31; Hebr. 2,14)

Dass Gottes Kraft und die Verwirklichung seiner Herrlichkeit in dieser Welt mit dem Leiden und mit menschlicher Schwachheit Hand in Hand einhergeht, machte schon Petrus Mühe, als er in Jesus zwar den Messias erkannte, diesen aber nicht mit dessen Passion in Verbindung bringen konnte (Mk. 8,31-33 *par.*). Seither ringt die Kirche mit diesem Thema, was z.B. an Texten wie 1. Kor. 1,17-31 sichtbar wird: „*Die Botschaft, dass für alle Menschen am Kreuz die Rettung vollbracht ist, muss denen, die verloren gehen, als barer Unsinn erscheinen. Wir aber, die gerettet werden, erfahren darin Gottes Kraft*", oder etliche Jahrhunderte später an der Warnung Bonhoeffers in Bezug auf diese Spannung: „Dass dann gerade das Kreuz Christi, also sein Scheitern an der Welt, wiederum zum geschichtlichen Erfolg führt, ist ein Geheimnis des göttlichen Weltregiments, aus dem keine Regel gemacht werden kann, das sich aber in den Leiden seiner Gemeinde hier und dort wiederholt."[24]

Für uns gilt es, in der Spannung zu leben: Die von Gott empfangene Vollmacht hebt die Leiden und Schwachheit der Gemeinde nicht auf, und die Leiden und die Schwachheit der Gemeinde heben andererseits ihre Vollmacht nicht auf, mit der sie das Heil Gottes in dieser Welt bezeugt. Wo immer versucht wird, Leid und Herrlichkeit, Schwachheit und Vollmacht gegeneinander auszuspielen, da ist die Verirrung der Gemeinde nicht fern, und da entfernt sich die Gemeinde von Christus als ihrem Vorbild, dessen Kraft sich in Schwachheit und in der Solidarität mit den Schwachen und Unterdrückten dieser Welt manifestierte, deren Leben jedoch durch die in Christus wirksame Macht immer auch nachhaltig und sichtbar verändert wurden. Seine Vollmacht manifestiert sich in drei verschiedenen Arten:

- in seiner Bereitschaft zu leiden und innerlich über das Leiden zu triumphieren, ohne dass der Triumph äusserlich sichtbar wird,
- in seiner Treue, durch die er solidarisch Unheil mit den Leidenden aushält; deshalb ist er der Immanuel, der Gott mit uns.

[24] D. Bonhoeffer, *Ethik* (Chr. Kaiser Verlag, 1966), S. 240.

- in seinen Zeichen und Wundern sowie in seiner Auferstehung, durch die er sichtbar das Unheil überwindet.

So ist auch die Kirche aufgerufen, Leid und Not auszuhalten und innerlich darüber zu triumphieren, Not und Schmerz solidarisch mitzutragen und auf Gottes Kraft zu hoffen, die sichtbar und wahrnehmbar im Hier und Jetzt über die zerstörerischen Kräfte in dieser Welt triumphiert. Erst in diesem Dreiklang von innerem Triumph trotz äusserem Leiden, von Solidarität und Treue mit den Leidenden sowie von sichtbaren Zeichen widerspiegelt sich die Kraft Gottes in seiner Kirche.

Wo immer Schwachheit und Vollmacht, Leid und Herrlichkeit in einer gesunden Spannung gehalten werden, da wird das Zeugnis der Gemeinde glaubwürdig. Sobald die Gemeinde die Spannung jedoch eigenmächtig aufhebt und z.B. einseitig die Vollmacht betont oder diese gar bewusst erleben und herbeiführen will, wird sie verführerisch und verfällt einem triumphalistischen Glauben, der nicht in der Lage ist, die Leidenden zu trösten und solidarisch mit den Weinenden zu weinen. Legt sie andererseits das Schwergewicht auf die Leiden und den inneren Triumph darüber und leugnet die sichtbar werdende Vollmacht, dann verliert das Evangelium seine froh machende und befreiende Kraft, die schon im Hier und Jetzt verändernd in die Welt einwirkt. In diesem Fall wird der Glaube auf die im Verborgenen wirkende Gnade reduziert und neigt dazu, passiv zu werden. Ihm fehlen dann die Hoffnung und der Widerstand, um dem Unheil in dieser Welt glaubensvoll entgegenzutreten. Für uns gilt deshalb: Gottes Kraft manifestiert sich sowohl im inneren Triumph, wie auch in gelebter Solidarität und in äusseren Zeichen und Wundern der Befreiung, um die gegenwärtigen Leiden und Nöte seiner Schöpfung durch das Werk des Geistes zu überwinden.[25] Alle drei; innerer Triumph, gelebte Solidarität und äussere Zeichen und Wunder sind gleichermassen Ausdruck des durch den Geist bevollmächtigten Zeugnisses der Gemeinde.

Frage zur persönlichen Vertiefung

- Wie erleben wir in unserer Gemeinde diesen Dreiklang göttlicher Vollmacht als Zeugnis des Heils von: a) innerem Triumph über das Leid, b) gelebter Solidarität mit den Leidenden und c) äusseren, sichtbaren Zeichen als Beseitigung von Leiden?

---

[25] Im Ansatz so bei Frank Macchia, *Baptized in the Spirit. A Global Pentecostal Theology* (Grand Rapids: Zondervan, 2006), S. 148, wobei Macchia eher einen Zweiklang wie einen Dreiklang hat: innerer Triumph und äussere Zeichen, während ich eher von einem Dreiklang ausgehe: innerer Triumph, gelebte Solidarität und äussere Zeichen.

2.4 Gehorsam leben – tätige Liebe

Hier gehen wir von einem Text aus, der davon spricht, dass die Gemeinde „Licht in der Welt ist": Matthäus 5,13-16. Dieser Text, welcher unmittelbar auf die Seligpreisungen folgt, definiert die Rolle der Jünger im Reich Gottes als Licht – und als solches können sie gar nicht anders, als sichtbar sein.

Die Rolle der Jünger als „Licht" wird mit zwei Bildern beschrieben: Vers 15 beschreibt die Unmöglichkeit einer erleuchteten Stadt, auf dem Berg verborgen zu bleiben, und Vers 16 spricht davon, dass eine Lampe nie dazu entzündet wird, um versteckt zu werden, sondern um einen Raum zu erhellen. Beide Bilder sind nicht technisch, sondern logisch unmöglich: Es entspricht jeweils nicht der Natur und dem Zweck der Sache und steht daher ausser Diskussion (sie stellen eine unmögliche Möglichkeit dar).

So spricht Jesus seinen Jüngern hier zu, Licht zu sein, und nur deshalb kann er sie auch auffordern, dieses Licht leuchten zu lassen. Nie aber sind sie aufgefordert, Licht zu werden oder dieses Licht jemandem zu bringen.

Die Frage lautet dann: Auf welche Art und Weise sind die Jünger „Licht", in welcher Art und Weise wird durch sie das Heil Gottes zeichenhaft in dieser Welt sichtbar? Auffallend ist, dass im ganzen Text kein missionarischer Aufruf vorhanden ist. Dafür stehen im unmittelbaren Zusammenhang mit der Rolle der Jünger als „Licht" ihre guten Werke: *„Genauso muss auch euer Licht vor den Menschen leuchten: Sie sollen eure guten Taten sehen und euren Vater im Himmel preisen"* (5,16). Gemäss damaligem Verständnis waren „gute Werke" Taten der Barmherzigkeit, der Liebe und der Grosszügigkeit. Und genau diese scheint Matthäus hier im Blickfeld zu haben. Diese guten Werke der Barmherzigkeit werden auch als Zusammenfassung für die Erfüllung des Gesetzes schlechthin angesehen, denn das doppelte Liebesgebot galt ja bei Matthäus und auch in anderen jüdischen Kreisen als die Erfüllung des Gesetzes. Somit läuft das Argument dieses Textes darauf hinaus, dass die Kirche, indem sie radikal dem Ruf Gottes in der Bergpredigt folgt, Gottes Gesetz hält, seine Art zu leben zu ihrer Grundlage macht und deshalb auch tätige Liebe lebt, gar nicht anders kann, als ein Licht für diese Welt zu sein. Der Gehorsam und die daraus resultierende tätige Liebe sind das Licht der Gemeinde, welches den Menschen in der Dunkelheit Orientierung gibt. Im Gehorsam der Gemeinde und in ihrer radikalen Nachfolge wird zeichenhaft schon jetzt das Heil Gottes sichtbar: Versöhnung mit Gott, den Menschen und der Schöpfung insgesamt.

3. Schlussfolgerung

Unsere Rolle in der Übermittlung des Heils Gottes für diese Welt definiert sich nicht anhand von Konzepten, Strategien und Methoden, sondern an Gottes Willen, dieser Welt und allen Menschen Heil zu bringen. Als Gemeinde sehnen wir uns danach und hoffen auf dieses Heil, wir empfangen und bezeugen es, und wir leben im Gehorsam diesem Heil gegenüber. Diese Sehnsucht und dieser Gehorsam tragen dazu bei, dass die Kirche in dieser Welt eine Kontrastgemeinschaft ist, deren Leben gekennzeichnet ist durch Liebeswerke und Gehorsam gegenüber dem Willen Gottes; den Werten und Hoffnungen des kommenden Reiches Gottes. Sie ist der Kristallisationspunkt der Liebe, der Versöhnung, der Gerechtigkeit und des Erbarmens Gottes in dieser Welt; durch die Gemeinde will Christus in dieser Welt Gestalt gewinnen.

Alle anderen geschöpflichen Möglichkeiten, um diese Rolle auszuleben, sind nur insofern Möglichkeiten, als sie aus den oben aufgeführten Kategorien heraus entspringen. In sich sind sie jedoch wirkungslos. Ob nun G12, Seeker Sensitive, Modell Sheffield oder Willow Creek, regionale Struktur, oder was auch immer, spielt eine untergeordnete Rolle und stellt lediglich unseren Versuch dar, unserer Hoffnung, unserer Erwartung und unserem Zeugnis einen dem Reich Gottes entsprechenden Ausdruck zu geben. Dieser Ausdruck, die Fleischwerdung Christi durch die Gemeinde, muss sich primär an unserem gesellschaftlichen und sozialen Umfeld orientieren („den Juden ein Jude, den Griechen ein Grieche"), sowie an der Not unserer Umgebung („die Kranken bedürfen des Arztes"). Schwerpunkt unserer Arbeit als Gemeinde muss daher immer darauf liegen, den Inhalt, also unsere Hoffnung, unsere Sehnsucht und unser Zeugnis zu definieren und uns zu fragen: Wie wird Christus hier in dieser Situation Fleisch; wie kann er jetzt Gestalt annehmen? Das entspricht ja auch dem biblischen Zeugnis: Inhalt der biblischen Texte ist primär der Inhalt der Hoffnung, des Zeugnisses und des Glaubens. Das soll uns Mut machen, die Schwerpunkte gleichermassen zu setzen.

Heil für eine unheilvolle Welt: eine Hoffnung, viele Bilder[26]

1. Einleitung

Die Geschichte der Schöpfung ist in ihrer Kurzfassung eine Bewegung vom Heil zum Unheil und letztlich wieder zum Heil. Oder wie Jürgen Moltmann dies zusammengefasst hat: Die Erstschöpfung beginnt mit der Natur und endet mit dem Menschen; die Not-wendende Neuschöpfung beginnt mit der Befreiung des Menschen und endet mit der Erneuerung der Schöpfung. Die erste geschah mühelos, die zweite leidvoll. Aber immer findet die Schöpfung ihre Erfüllung im Reich Gottes und war seit je her für das Reich Gottes (= Herrlichkeit Gottes) geschaffen.[27]

Als These für diesen Überblick über Heilsbilder, -erwartungen und -erfahrung in der Bibel wird davon ausgegangen, dass sich die Heilserwartung und -erfahrung jeweils am erlebten Unheil, an der konkret erlebten Not oder Bedrohung entzündet hat und gemäss hebräischem Denken immer konkret war. Somit widerspiegelt jede Heilshoffnung zugleich das erlebte Unheil, aus dem heraus die Hoffnung auf Heil entstanden ist.

Die verschiedenen Heilshoffnungen und Heilserfahrungen lassen sich in zwei Begriffspaaren zusammenfassen: Segen/Friede und Rettung/Hilfe. Während der Segen das stetige, kontinuierliche Heilshandeln Gottes darstellt, also sein schöpferisches und bewahrendes Handeln, steht die Rettung für das abrupte, hereinbrechende, akute, notwendige und notwendende Handeln Gottes.

2. Heil und Unheil im Alten Testament

Ausgangspunkt für die Frage nach Heil und Unheil in der Schöpfung ist der Schöpfungsbericht und die Geschichte vom Fall. Während die Schöpfung in ihrem Ursprung im Zustand des Heilseins ist, bahnt sich im Fall das Unheil seinen Weg. Dieses Unheil wird vorrangig als Entzweiung erlebt und zwar als Entzweiung zwischen Mensch und Gott, zwischen Mensch und Mensch und zwischen Mensch und der Schöpfung allgemein. Damit ist auch schon die grobe Vision des Heils angegeben: Der Segen, unter dem die Schöpfung im Ursprung lebte, war ein Zustand des Vereintseins, der Harmonie, des Shaloms. Die Stossrichtung für das erwartete Heil ist die Versöhnung, die Überwindung der Entzweiung in allen davon betroffenen Bereichen: Mensch – Gott, Mensch – Mensch und Mensch – Schöpfung.

---

[26] Dieser Vortrag wurde im November 2002 anlässlich der Theologischen Tagung der BewegungPlus Schweiz in Gunten gehalten.

[27] J. Moltmann, Gott in der Schöpfung. Ökologische Schöpfungslehre (München: Chr. Kaiser, 1993^4).

2.1 Jahwe, der Gott des Heils

Diese Überwindung der Entzweiung ist Gottes Werk und im Alten Testament werden hauptsächlich fünf Verbgruppen mit diesem Heilshandeln Gottes in Verbindung gebracht:

2.1.1 Jahwe, der Gott, der Lebensraum schafft

Für das Alte Testament sind Gottes Heilswirken und Gottes schöpferisches Handeln nicht zwei verschiedene Aspekte seines Wirkens, sondern höchstens die zwei Seiten ein und derselben Münze. Gottes schöpferisches Handeln ist immer heilbringend: Gott überwindet die Chaosmächte, das Dunkle, und bringt Licht. Der erste Schöpfungsbericht ist so aufgebaut, dass Gott dem Menschen zuerst den Raum schafft, den er zum Leben braucht und in welchem der Mensch sich entfalten kann. Gott schafft Wasser, Land, Pflanzen und Tiere. Erst nachdem dieser Lebensraum vorhanden ist, wird der Mensch geschaffen. Gottes erste Handlung an der Schöpfung ist, sie zu segnen (Gen. 1,28). Segen, Leben, Lebensraum schaffen und Leben zur Entfaltung bringen sind hier die Konturen der Heilsvision.

Dass Gottes schöpferisches Wirken immer zum Heil und zur Lebensentfaltung für den Menschen ist, kommt auch im zweiten Bericht zum Tragen: Während es im ersten Bericht heisst, dass der Geist Gottes über den Urtiefen, dem Tohuwabohu schwebte, steht hier am Anfang eine öde, karge und leblose Wüste, ohne Gras, ohne Büsche und ohne Regen, der die Erde fruchtbar machen könnte. So stimmen beide Berichte im trostlosen Urzustand dieser Welt überein, sie benutzen einfach unterschiedliche Bilder.

Im Gegensatz zum ersten Bericht schafft hier Gott den Menschen gleich zu Beginn, aber der Mensch kann in solch einem Umfeld nicht leben. Deshalb heisst es so schön: Gott legte einen Garten, einen Park für den Menschen an mit grossen, Schatten spendenden Bäumen, mit Früchten, Nahrung im Überfluss und vor allem mit reichlich Wasser. Dieser Text wurde zudem von Wüstenbewohnern, von Beduinen geschrieben und gelesen und so hat auch hier die Vision vom Segen Jahwes einen direkten Bezug zu dem, was sie in ihrer Lebensentfaltung bedrohte. So wie im ersten Bericht der Mensch sein Dasein gleich mit einem Sabbat anfängt, so beginnt er hier sein Leben in einem herrlichen Park. Diesen Park kann und muss er sich nicht selber erarbeiten, der wird ihm grosszügig zur Verfügung gestellt: *„Der Herr, der einzige Gott, hat Himmel und Erde gemacht. Er hat die Erde fest gegründet, und er hat sie nicht geschaffen, damit sie wüst und leer sein soll, sondern damit seine Geschöpfe auf ihr wohnen können"* (Jes. 45.18).

2.1.2 Jahwe, der Gott, der verheisst

Der biblische Bericht erzählt, wie aber bald schon Unheil über Gottes heilvolle Schöpfung gekommen ist und damit auch Entzweiung. Diese Entzweiung erfasst den Menschen in seiner ganzen Existenz, es kommt zum Existenz- und Arbeitskampf. In diesem Unheil erleben zuerst die Väter und dann Israel Jahwe als den Gott, der verheisst und somit den Vätern und dem Volk eine Zukunft eröffnet: Jahwe verheisst Land und Nachkommen. Beides konkrete Ausdrucksformen von Heil, denn Land und Nachkommen verkörpern Schutz, Fruchtbarkeit, Bewahrung und Sicherheit: *„Verlass deine Heimat, deine Sippe und die Familie deines Vaters und zieh in ein Land, das ich dir zeigen werde! Ich will dir viele Nachkommen schenken und dich zum Vater eines mächtigen Volkes machen"* (Gen. 12,1-2). Später, als Israel in Folge seiner Untreue mit dem Exil und der nationalen Katastrophe konfrontiert war, verheisst Gott: *„Ein Spross wächst aus dem Baumstumpf Isai, ein neuer Trieb schiesst heraus aus den Wurzeln. Ihn wird der Herr mit seinem Geist erfüllen, dem Geist der Klugheit und Einsicht gibt, der sich in weiser Planung und in Stärke zeigt, in Erkenntnis und Ehrfurcht vor dem Herrn. ... Den Entrechteten verhilft er zum Recht, für die Armen im Land setzt er sich ein. ... Dann wird der Wolf beim Lamm zu Gast sein, der Panther neben dem Ziegenböckchen liegen, gemeinsam wachsen Kalb und Löwenjunges auf, und ein kleiner Junge kann sie hüten. ... Niemand wird Böses tun auf dem Zion, Gottes heiligem Berg"* (Jes. 11,1-9). In dieser Vision ist definitiv jede Entzweiung überwunden.

Jahwe, der Gott, der verheisst, ist der Gott, der sich weigert jegliche Form von Unheil und Not als gegeben hinzunehmen und der durch seine Verheissung dem Menschen mitten im Unheil und der Verzweiflung eine neue Zukunft eröffnet. In seiner Verheissung verknüpft er seine eigene Zukunft und Ehre mit der Zukunft seiner Schöpfung. Ihr Heil ist seine Ehre: *„Wer im Himmel oder auf der Erde gleicht dem Herrn, unserem Gott, ihm, der im höchsten Himmel thront und hinab schaut in die tiefste Tiefe? Den Armen holt er aus der Not, den Hilflosen heraus aus seinem Elend, und gibt ihm einen Ehrenplatz bei den Angesehenen seines Volkes. Der Frau, die keine Kinder haben konnte, verschafft er ein sicheres Zuhause und macht sie zur glücklichen Mutter"* (Ps. 113,5-9).

2.1.3 Jahwe, der Gott, der befreit

Jahwe, der Gott, der befreit, ist der Gott, der jegliche Form sozialer Unterdrückung und Ausbeutung aufheben kann, der Herrscher ein- oder absetzt, der das öffentliche Leben neu strukturiert und die Gefangenen in die Freiheit tanzen lässt: *„Sie schlugen ihre Tamburine und* *tanzten im Reigen. Mirjam sang ihnen vor, und sie antworteten im Chor: Singt, singt dem Herrn, der seine grosse Macht erwiesen und Ross und Mann ins Meer geworfen hat"* (Ex. 15,20b-21).

Im Alten Testament gehören Heil, Hilfe, Rettung und Befreiung untrennbar zusammen: *„Ich komme als Sieger und Helfer, mein starker Arm wird den Streit der Völker schlichten. Die fernsten Inseln setzen ihre Hoffnung auf mich und warten auf Rettung durch meine Macht"* (Jes. 51,5).

Der Hebräische Wortstamm von retten, aus welchem das Wort Jeshuah (= Retter) kommt, drückt vor allem geräumig sein aus – im Gegensatz zu Drangsal, zu beengt sein und keinen Platz für die Lebensentfaltung zu haben. Jahwe, der Gott, der rettet und befreit, ist der Gott, der Raum schafft, der dem Menschen Hilfe zukommen lässt, ohne die der Bedrängte verloren wäre: *„Den Feinden hast du mich nicht ausgeliefert, sondern mir Raum zum Leben verschafft."* (Ps. 31,9) Dem von Babylon unterdrückten und eingeschüchterten Volk ruft Jahwe zu: *„Mache den Raum deines Zeltes weit. Spanne die Zeltdecken aus ohne zu sparen! Verlängere die Seile und schlage die Zeltpflöcke fest ein"* (Jes. 55,4).

2.1.4 Jahwe, der Gott, der führt

Jahwe, der Gott, der führt, ist der Gott, der bereit ist, sich auf Israels notvolle Situation einzulassen und der Israel aus ihr heraus und ins Heil hinein führt. Er ist der Gott, der Israel auf seiner Reise begleitet, versorgt, nährt und sättigt, der es auf seiner Reise aber auch die Probe stellt: *„Vergesst nicht, wie der Herr, euer Gott, euch 40 Jahre in der Wüste geführt hat ... um euch auf die Probe zu stellen ... Um euren Trotz zu brechen liess er euch hungern, aber dann gab er euch Manna zu essen, von dem ihr und eure Vorfahren bis dahin nichts gewusst hattet"* (Deut. 8,2-3). Natürlich fällt auch der bekannte Psalm 23 in diese Kategorie: Der Herr führt, nährt und bewahrt. Somit hat für das Alte Testament die Führung Jahwes nicht so sehr mit Wegweisung zu tun, sondern viel mehr mit seinem Schutz *auf dem Weg* in das Heil hinein. Ein solcher Weg ist immer gefährlich und viele schrecken davor zurück, deshalb die Zusicherung, dass Jahwe führt: *„Zu den Gefangenen werde ich sagen: Ihr seid frei, und zu denen, die im Dunkeln leben: Kommt ans Licht! Ich sorge für euch auf dem Weg; ihr seid unter meiner Obhut wie Schafe, die noch auf den kahlsten Höhen Weide finden. Ihr werdet unterwegs weder Hunger noch Durst leiden, die Glut der Sonne und der heisse Wüstenwind werden euch nicht quälen, denn ich führe euch und bringe euch zu erfrischenden Quellen, weil ich es gut mit euch meine"* (Jes. 49,10-11).

2.1.5 Jahwe, der Gott, der befiehlt

Jahwe kann nur der Gott sein, der rettet, weil er der Gott ist, der befiehlt. Indem Jahwe befiehlt, weigert er sich, jede Form und Situation von Autonomie anzuerkennen, in der derjenige Recht hat, der Macht hat, und in welcher der Stärkere den Schwächeren unterdrückt. Jahwe befiehlt dem mächtigen Pharao und dessen mächtigem Gott Ra, und als Folge werden Sklaven frei. Jahwe lädt die Götter der Babylonier vor und fordert sie heraus, ihre Macht zu demonstrieren, aber sie haben nichts zu sagen. Jahwe hingegen spricht und es geschieht (Jes. 41,21-23). Selbst das Exil ist nur durch den Befehl Jahwes und nicht durch die Macht der babylonischen Götter über Juda hereingebrochen (Jes. 42,24).

So wie es die Aufgabe des Königs ist, durch seine Regentschaft Heil, Wohlstand und Frieden für das Volk zu garantieren, so „befiehlt" Jahwe Gerechtigkeit und Heiligkeit, um dadurch einen Lebensraum zu schaffen, in dem sich alle entfalten können. Daher ist für Israel das Gesetz Grund zur Freude, Grund zur Freiheit und Ausdruck der Fürsorge Jahwes: *„Ich liebe die Gebote, die du gabst; es macht mir Freude, wenn ich sie befolge"* (Ps. 119,47), denn Jahwes Befehle der Gerechtigkeit und Heiligkeit bewahren das erlebte Heil vor dem Zerfall ins Chaos.

Heil ist immer Befreiung zu einer neuen Herrschaft: *„Denn alle Israeliten sind mein Eigentum, weil ich sie aus Ägypten geführt habe. Sie dürfen nicht wie Sklaven verkauft werden"* (Lev. 25,42). Weil Jahwe befiehlt, dürfen Menschen nicht wie Eigentum behandelt werden, denn das verletzt die Ehre und das Eigentum Jahwes: *„Wer den Schwachen unterdrückt, beleidigt dessen Schöpfer"* (Spr. 14,31a).

2.2 Jahwe, der Gott des Unheils

Obwohl es das Hauptzeugnis des Alten Testaments ist, dass Jahwe der Gott des Heils ist, gibt es immer wieder vereinzelte Stimmen, die daran erinnern, dass Jahwe auch Grund für erlebtes Unheil sein kann.

2.2.1 Jahwe als Unheilstifter

Weil Jahwe der Gott ist, der befiehlt, kann er auch der Gott sein, der Unheil für sein Volk befiehlt oder der Gott, dessen Handeln für uns unverständlich ist: *„Ich mache das Licht und ich mache die Dunkelheit; das Heil wie das Unheil kommt von mir. Ich, der Herr, bin es, der dies alles vollbringt"* (Jes. 45,7). In all seiner Liebe und Barmherzigkeit ist Jahwe dem Menschen niemals Rechenschaft über sein Handeln schuldig: *„Wie kann einer es wagen, seinem Schöpfer Vorwürfe zu machen? Ist der Mensch Gott gegenüber mehr als ein Tongefäss, das aus der Hand eines*

Töpfers kommt? Fragt vielleicht der Tonklumpen den, der ihn formt: „Was machst du da?" Sagt das Werk zu seinem Meister: „Du hast ungeschickte Hände?" ... Der Herr, der heilige Gott und Schöpfer Israels sagt: Ihr fragt mich, wie ich mit meinem Volk verfahren werde? Das lasst nur meine Sorge sein!" (Jes. 45,9-11).

2.2.2 Gericht als Weg zum Heil

Im Zusammenhang damit, dass Jahwe manchmal als Gott erlebt wurde, der Unheil und Dunkelheit schuf, gehen eine Anzahl von Texten davon aus, dass Israel aufgrund seiner Untreue Heil nur durch das Gericht hindurch erleben wird. Während z.B. bei Jesaja die Hoffnung auf eine heilvolle Zukunft deutlich zum Ausdruck kommt, verdrängt dieses erwartete Heil nie die Botschaft vom bevorstehenden Gericht. Vor diesem Unheil gibt es keine Rettung mehr: *„Ich sah den Herrn riesengross am Altar vor dem Tempel stehen. Er gab einem Engel den Befehl: Schlag auf die Kapitelle der Tempelsäulen, dass der ganze Bau bis in die Fundamente erzittert! Zerschmettere die Säulen, dass sie diesen Leuten auf den Kopf fallen! Und wer das überlebt, der soll durch das Schwert des Feindes umkommen. Keiner wird sich retten können, keiner mit dem Leben davonkommen"* (Amos 9,1). In anderen Worten: In Zeiten des falschen Optimismus wusste der Prophet um den bevorstehenden, von allen verneinten Tod, und nach der Erfahrung des Todes wusste der Prophet gegen alle Resignation von einer Zukunft über das Gericht hinaus.

Aus dem Gedanken des Gerichts als „Wendepunkt" entstand in der Apokalyptik der Begriff der „Geburtswehen" als Vorzeichen der hereinbrechenden Gottesherrschaft.

2.3 Zusammenfassung zum Alten Testament

Da, wo das Volk Gottes mit Nöten, Krisen und Unheil konfrontiert wurde, entstanden Bilder der Hoffnungen vom Heil. Diese Visionen des Heils sind immer zugleich Visionen Gottes und diese wiederum stehen im direkten Kontrast zum erlebten Unheil, denn Jahwes Wirken ist das notwendende Handeln an seinem Volk. Der Horizont dieses Heilshandelns ist immer das Leben: Heil ist Hilfe für und Entfaltung des Lebens. Wo die Not gewendet wurde, da lebt Israel unter dem Segen, es erfährt Shalom. Der Segen Jahwes ist nichts anderes als die Erfahrung, dass der mit seinem Volk ist, und da wo der Herr mit seinem Volk ist, da ist Lebensraum, Entfaltung und Sättigung.

3. Heil im Neuen Testament

Während man im Neuen Testament die Visionen und Bilder von Gottes Heilshandeln nach Jesus und dem Zeugnis der Gemeinde und Aposteln hin untersuchen könnte, versuche ich, auch nach

Verbgruppen vorzugehen. Allerdings wird der alttestamentliche Gedanke von Jahwe als dem Gott, der Lebensraum schafft, im Neuen Testament durch die Betonung auf Jesus ergänzt, der die entzweite Schöpfung versöhnt und so dem Leben zum Triumph über den Tod verhilft.

3.1 Jesus, der von Gott Verheissene und der verheissende Gott

Das Evangelium vom Reich Gottes ist die Botschaft und die Erfahrung von Gott als dem, der seine Verheissung erfüllt und der seinem Volk eine Zukunft trotz aller Widerwärtigkeiten eröffnet: *„Freuen dürfen sich alle geistlich Armen, denn sie werden mit Gott in der neuen Welt leben. Freuen dürfen sich alle, die unter der Not der Welt leiden, denn Gott wird ihnen ihre Last abnehmen (die Trauernden, sie werden getröstet werden) ... Freuen dürfen sich die hungern und dürsten nach Gerechtigkeit, denn sie werden satt werden ...“* (Mt. 5,3-6). Gott wird Trost bringen, der alles Leid beseitigt, und Sättigung, die allen Hunger aufhebt. Im darauffolgenden Vaterunser betet der Mensch dann voller Sehnsucht nach der Manifestation des verheissenen Reiches Gottes: Durchsetzung des Willens Gottes, tägliche Nahrung, zwischenmenschliche Versöhnung und endgültige Beseitigung des Bösen in all seinen Ausdrucksformen.

Diese Sättigung und dieser Trost, der alles Leid beseitigen wird, ist auch in den Hymnen der lukanischen Geburtsgeschichte, der programmatischen Antrittsrede Jesu in Nazareth (Lk. 4,16-30) und in der Vision des Sehers Johannes verheissen: Gott wird die Mächtigen vom Thron stürzen, die Hungernden sättigen, die Armen retten, die Gefangenen befreien und den Hoffnungslosen eine Zukunft eröffnen: „ *... Jetzt wohnt Gott bei den Menschen. Er wird bei ihnen bleiben, und sie werden sein Volk sein. Gott selbst wird als ihr Gott bei ihnen sein. Er wird alle Tränen abwischen. Es wird keinen Tod mehr geben und keine Traurigkeit, keine Klage und keine Quälerei mehr“* (Off. 21,1-5).

Die Zusicherung, dass Gott den Hoffnungslosen, Verzweifelten und Machtlosen eine Zukunft eröffnen wird, ist in der Auferstehung Jesu gegeben: Durch Jesu Auferstehung haben selbst die Toten eine hoffnungsvolle Zukunft. In Jesu Leiden und Auferstehen verkündet Gott das Ende aller vorzeitigen Enden, die Zukunft alles Leblosen.

3.2 Jesus: Gott heilt und rettet

Die alttestamentliche Aussage, dass Jahwe der Gott ist, der rettet und befreit, findet in Jesu Handeln und Sterben als Ausdruck der Gegenwart von und in seinem Reden über das Reich Gottes seinen Höhepunkt. Im Neuen Testament bedeutet „retten“ sowohl heilen wie auch retten.

Jede Heilung ist für die Geheilten zugleich eine Heilserfahrung, denn in der Heilung erlebt der Mensch die Zuwendung Gottes, die Wiederherstellung zum Gottesvolk (Kranke galten als kultisch unrein), und somit die Wiederherstellung ihrer Würde. Auch hier wird Entzweiung überwunden. Zudem: In vielen Kulturen ist Krankheit Ausdruck einer Entzweiung, entweder mit Gott, anderen Menschen oder der Natur. Jesus überwindet diese Entzweiung und berührt die Unberührbaren (Lk. 5,12-16) und spricht dem von allen Verdächtigten seine Unschuld zu (Lk. 5,17-26). Er wendet sich der Frau mit dem gekrümmten Rücken zu und nennt sie explizit eine Tochter Abrahams. Nun erhält sie einen aufrechten Gang und hat vollen und gleichwertigen Anteil an der Verheissung. Gott lässt sie aufrecht durchs Leben gehen (Lk. 13,10-17). Zachäus wird ebenfalls zum „Miterben" und ausdrücklich als Sohn Abrahams angesprochen. Magier, Römer, heidnische Frauen und SamaritanerInnen werden zu Empfängern und TrägerInnen der Heilsbotschaft und Jesus fasst sein Heilswirken mit seinem Heilungswirken zusammen: *„Geht zurück zu Johannes und berichtet ihm, was ihr hier gesehen und gehört habt: Blinde sehen, Taube hören, Tote stehen auf, und den Armen wird die Gute Nachricht verkündet"* (Lk. 7,22). – *„Ihr wisst von Jesus aus Nazaret, den Gott erwählt und mit seinem Geist und seiner Kraft erfüllt hat. Überall tat er Gutes und heilte alle, die der Teufel in seiner Gewalt hatte; denn Gott stand ihm bei"* (Apg. 10,38).

Die Hoffnung auf die Auferstehung von den Toten ist nichts anderes als die Hoffnung auf die endgültige Heilung; es wird kein Tod mehr sein (Off. 21,4).

3.3 Jesus, der Gott, der sein Volk ans Ziel führt und versorgt

Das Motiv, dass Jesus die Armen und auf das Heil Wartenden zum Heil führt, findet seinen Ausdruck vor allem im Motiv des neuen Exodus, das sich in den synoptischen Evangelien findet. So wie Gott sein Volk während der Wanderung durch die Wüste führte und versorgte, so versorgt Jesus das endzeitliche Gottesvolk auf seiner Reise zum endgültigen Heil (Mk. 6,30-44 *par.*). Weiterhin ist diese Versorgung bereits eines der Hauptthemen im *Magnificat* der Maria (Lk. 1,53), und auch Paulus weiss, dass Gott sein Volk nicht einfach sitzen lässt, sondern bis zum Ende durchtragen wird: *„Ich bin ganz sicher: Gott wird sein Werk, das er bei euch angefangen hat, auch vollenden bis zu dem Tag, an dem Jesus Christus kommt"* (Phil. 1,6). Gott versorgt sein Volk mit Weisheit (Jak. 1,5) und überhaupt wird Gott allen Mangel, in welcher Form auch immer, ausfüllen (Phil. 4,19).

Auch die Waffenrüstung in Eph. 6,10-20 dient primär der Zusicherung, dass Gott seinem Volk Schutz und Beistand gibt und ihr Leben bei ihm in Sicherheit ist. In Jesus ist der Menschen befreit zum Leben.

3.4 Jesus, die Versöhnung Gottes für diese Welt

In den Evangelien wird das Motiv des Mahls (auch das Abendmahl) zum Ausdruck einer versöhnten Schöpfung: Gott lädt seine Schöpfung zu sich an den Tisch ein: Menschen, die bisher einander nur über den Tisch hinweg angeschrien haben, sitzen nun zusammen am gleichen Tisch und feiern das erlebte Heil und ihre Versöhnung. Wo immer Menschen Heil erleben (vor allem in den lukanischen Schriften), kommt es zu gemeinsamen Mahlzeiten (Lk. 14,15-24; 15,22-4; 19,5; Apg. 11,3).

Die Summarien der Apostelgeschichte sprechen ebenfalls davon, dass das gerettete Gottesvolk das versöhnte Gottesvolk ist. Es ist die neue Heimat, die neue Familie und unser Anteil am Heil. Hier wird Versöhnung erfahren und geschenkt, und zwar immer auch auf ganz materieller Ebene (Apg. 2,41-47, etc.). Die Gemeinde ist der Ort, an dem alle ihren Lebensraum haben (1. Kor. 12,13, 25) und in dem Juden und Heiden, Freie und Sklaven, Männer und Frauen versöhnt miteinander leben (Apg. 10-11; Gal. 3,28). Christus ist unser Friede (Eph. 2,14), er ist die Versöhnung für alles Entzweite.

So kann Paulus Gottes Heilswirken programmatisch mit Jesu versöhnendem Werk zusammenfassen: *„Aber das alles kommt von Gott, der uns durch Christus mit sich versöhnt und uns den Dienst der Versöhnung aufgetragen hat*“ (2. Kor. 5,18). Wobei besonders im Kolosser- und Epheserbrief die Versöhnung eine kosmische Dimension hat. Christus als das Haupt der Gemeinde wird alles in allem durchdringen, das ganze All, um alles wieder zu einen, was entzweit ist (Eph. 1,9-10, aber auch Röm. 8,21-22).

3.5 Jesus, der Gott, der Heil befiehlt

Im Gleichnis vom grossen Fest befiehlt Gott Heil und Wiederherstellung für alle Verachteten, Ausgeschlossenen und Hilflosen: *„...der Herr ... befahl: Lauf schnell auf die Strassen und Gassen der Stadt und hol die Armen, Verkrüppelten, Blinden und Gelähmten her“* (Lk. 14,21). Er befiehlt den unreinen und zerstörerischen Geistern, die Menschen zu verlassen (Mk. 1,27 etc.), und er gebietet den stürmischen und zerstörerischen Chaosmächten zu verstummen (Lk. 8,25).

Seine Gebote sind Zuspruch und Anspruch zugleich und bewahren, wie schon im Alten Testament, das erlebte Heil vor der Zerstörung.

3.6 Zusammenfassung zum Neuen Testament

Für das Neue Testament ist die Vision vom Heil eine Vision der Neuschöpfung durch Versöhnung. Dieses Heil, das Gott seiner Schöpfung schenken möchte, ist mehr als die Überwindung der Sünde in einem rein moralischen oder juristischen Sinn. Es ist die Überwindung der Sünde mit all ihren zerstörerischen Auswirkungen: Tod, Krankheit, Krieg, Ablehnung, Ausgrenzung, Ungerechtigkeit, Unbarmherzigkeit etc. Gott wird uns von dem Bösen erlösen, das uns täglich begegnet. Oder in Begriffen der Schöpfungsgeschichte: Einmal mehr wird der Geist über dem Chaos brüten und den neuen Kosmos entstehen lassen. Versöhntes Leben wird sich uneingeschränkt entfalten und alle werden Gott erkennen. Dieses versöhnte Leben wird immer wieder bereits im Hier und Jetzt erlebt: In der Gemeinde, wo es weder Mann noch Frau, weder Juden noch Griechen, weder Sklaven noch Freie gibt, sondern nur Glieder an ein und demselben Leib. Durch die Gemeinde, deren Haupt Christus ist, erlebt der Mensch Familie, Heimat, Schutz, Sicherheit, Annahme und Wertschätzung. Hier kann sich das Leben entfalten, wenn auch noch nicht uneingeschränkt, so doch im Ansatz. Aber das endgültige Heil, die endgültige Heilung ist durch Christi Auferstehung garantiert.

Fragen zur persönlichen Vertiefung

1. Was löst das Gelesene in mir aus?
2. Wo und wie erlebe ich in unserer Zeit und in meinem Umfeld „Unheil“ und welche „Chaosmächte“ bedrohen mein Leben und unseren Lebensraum?
3. Welche Heilsbilder und Heilsvisionen stelle ich diesem Unheil, dieser Entzweiung entgegen?
4. Worin besteht meine Rolle, und die der Kirche, wenn Gott:

- Lebensraum schaffen möchte
- befreit und heilt
- verheisst und dem Perspektivlosen und Lebensunfähigen eine Zukunft eröffnet
- auf dem Weg zu diesem Heil führt
- befiehlt?

5. Wie erlebe ich Gottes stetiges, wie Gottes abruptes Heilswirken? Worauf lege ich das Schwergewicht und weshalb?

4. Schlussfolgerungen

Dic ganzcn Bilder und Hoffnungen auf das Heil, wie sie in der Bibel ausgedrückt wurden, bestätigen die Eingangsthese, dass sich diese Bilder und die Hoffnungen immer am jeweils erlebten Unheil entzündet wurden. Heil für die Menschen des 21. Jahrhundert ist die Überwindung des Unheils wie wir es im 21. Jahrhundert erleben. Zudem ergeben sich aus diesem Überblick über Heilsbilder und Heilsvisionen im Alten und im Neuen Testament einige Schlussfolgerungen und Richtlinien für unsere Rolle in der Heilsvermittlung:

1. Die Soteriologie, die Lehre des Heils, sagt per Definition primär etwas darüber aus, was Gott für und an seiner Schöpfung tut, denn er ist der Retter und Heiler, der Soter. Die Rolle des Menschen ist primär die des Empfängers, des Reagierenden.
2. Der Unterschied zwischen dem Heil im Hier und Jetzt und dem Dann und Dort ist, dass die Heilserfahrungen im Hier und Jetzt real, aber noch nicht endgültig und noch nicht allumfassend sind. Sie sind proleptisch (= vorwegnehmend, hinweisend; vgl. Mk. 9,2-13 *par.*) und werden oft als Paradox erlebt. Doch in ihrem Wesen widerspiegeln sie das, was wir einmal uneingeschränkt erleben werden. Aber vorläufig gilt noch: *Freut euch mit den Fröhlichen und weint mit den Weinenden.* Freude und Trauer leben parallel nebeneinander und keine der beiden Erfahrungen ist „geistlicher“ als die andere. Zudem befreit uns Jesus von dem Zwang beurteilen zu müssen, welche Erfahrung denn nun geistlicher sei, sich zu freuen oder zu trauern.
3. Unsere Hoffnung auf die Verwirklichung des Heils zielt nicht auf das Jenseits ab in dem Sinn, dass das Diesseits als eine mehr oder weniger erträgliche Durchgangsstufe erscheint, in der wir am besten gar nicht so tief Wurzeln schlagen. Im Gegenteil: Unsere Hoffnung auf das Heil im Jenseits verweist uns an das Leben vor dem Tod, dessen letzten Schritt wir tun, wenn wir sterben.
4. Unsere Rolle in der Heilsvermittlung:

- Wir leiden an allen Formen und Folgen des Unheils (Rö. 8,18-30) und
- Wir beten aus Sehnsucht nach dem Heil: *Unser Vater im Himmel, geheiligt werde dein Name, dein Reich komme, dein Wille geschehe, wie im Himmel so auf Erden. Unser tägliches Brot gib uns heute und vergib uns unsere Schuld, wie auch wir vergeben unseren Schuldigern. Und führe uns nicht in Versuchung, sondern erlöse uns von dem Bösen – Ja, Herr Jesus, komm!*
- Wir leben versöhnte heilende Gemeinschaft. Als Gemeinde sind wir Heimat für Heimatlose, wir sind fröhlich mit den Fröhlichen und weinen mit den Weinenden. Wir streben nach

Gerechtigkeit, wir erleben Nähe. Wir hoffen auf Heilung und widerstehen dem Bösen in all seinen Erscheinungsformen. So wird die Stadt, die auf dem Berg ist, nicht verborgen bleiben. Oder in den Worten aus Deuteronomium 4,7-8: *„Denn wenn die anderen Völker hören, nach was für Geboten ihr lebt, werden sie voll Achtung auf euch blicken und sagen: ‚Wie klug und einsichtig ist doch dieses grosse Volk!' Kein anderes Volk hat ja einen Gott, der ihm mit seiner Hilfe so nahe ist wie der Herr, unser Gott. Er hilft, sooft wir zu ihm rufen. Und kein anderes Volk hat so gute Gebote und Rechtsbestimmungen wie die, die ich euch heute gebe."*

- Wir bezeugen, dass uns im gekreuzigten Christus Gottes Zuspruch und Anspruch begegnet (Joh. 20,23; Mt. 18,18), wobei sich gerade in unserem Zeugnis vom machtvollen Zuspruch Gottes unsere Ohnmacht manifestiert, da sich dieser machtvolle Zuspruch gleichzeitig unserer Machbarkeit entzieht. Zudem ist unser Zeugnis keine Erfolgsstory, spricht jedoch mehr als logische Argumente. Daher muss die Kultur des Zeugnisgebens neu kultiviert werden. Die Zeugnisse dürfen und müssen auch immer einen Aspekt der Klage haben, wie wir ihn in den Gebeten der Psalmen finden. Ohne die Klage verliert das Gottesvolk die Erinnerung an jene Zeiten, in denen es Gott als abwesend erlebt hat, doch auch solche Zeiten gehören in den Erfahrungsraum der Gemeinde und müssen daher öffentlich zur Sprache gebracht werden. Gottes „Willkür" und Verborgenheit ist Teil unserer Gotteserfahrung und dies auch zu bezeugen, fördert letztlich die Vertrauenswürdigkeit Gottes wie auch unseres Zeugnisses. Da, wo die Frage der Theodizee nicht ausgeklammert wird, nimmt die Vertrauenswürdigkeit der „Siegesberichte" zu. Weiter müssen diese Zeugnisse auch nicht von etwas Aussergewöhnlichem oder Spektakulärem berichten, denn das Reich Gottes verwirklicht sich im Alltäglichen, im Gewöhnlichen und Unscheinbaren (Mk. 4.30-32, 6.1-6a) und adelt gerade dieses. Das Ungewöhnliche am Reich Gottes ist seine Fähigkeit, das Gewöhnliche und Unscheinbare zu durchdringen.
- Wir segnen: *„Segnet eure Beleidiger, so gewiss Gott euch dazu berufen hat, in der kommenden Welt die Fülle seines Segens zu empfangen"* (1. Petr. 3,9).
- Wir hoffen gegen alles Unheil auf die kommende Herrlichkeit und endgültige Versöhnung, welche die ganze Schöpfung durchdringen wird: *„Alle Not wird vergessen sein, ich bereite ihr ein Ende. Alles mache ich jetzt neu: einen neuen Himmel schaffe ich und eine neue Erde. ... Freut euch und jubelt über das, was ich nun schaffe! ... Niemand mehr wird weinen und klagen. Es gibt keine Kinder mehr, die nur ein paar Tage leben, und keiner, der erwachsen ist, wird mitten aus dem Leben gerissen. Wenn einer mit hundert Jahren stirbt, wird man sagen: Er war noch so jung! Selbst der Schwächste und Gebrechlichste wird ein so hohes Alter erreichen. ... Wolf und Lamm werden dann gemeinsam weiden, der Löwe frisst Häcksel*

wie das Rind, und die Schlangen nähren sich vom Staub der Erde. Auf dem Zion, meinem heiligen Berg wird keiner mehr Böses tun und Unheil stiften. Ich, der Herr, sage es" (Jes. 65,17-25).

Die Aufträge in der Gemeinde[28]

1. Einleitung

Die Kirche ist Gottes Geschenk an diese Welt und wer Teil der Kirche ist, lebt daher in einer Art paradoxem Zustand: Indem eine Person Teil der Gemeinde ist, erlebt sie sich als Beschenkte und hat ein Anrecht darauf, sich als solche zu erfahren. Jedes Gemeindeglied ist nicht nur Mittel zum Zweck, denn die Gemeinde ist auch nach der Bekehrung immer noch Geschenk Gottes an den Menschen. Weil jeder Christ Anteil am und damit Teil des Geschenkes Gottes an seine Mitmenschen ist, wird er dadurch gleichzeitig auch zum Verschenkten. So ist jedes Gemeindeglied „Beschenkter" und „Verschenkter" zugleich und in beiden Erfahrungen vollwertiges Gemeindeglied. Zum Spannungsfeld Gemeinde als Ort dem des Beschenktwerdens und als Ort, an dem man gemeinsam den Auftrag Gottes in und für diese Welt wahrnimmt gilt wohl: Eine genährte Gemeinde, deren Geistlichkeit im Leben verankert ist und sich mit den Problemen des Lebens auseinandersetzt, ist die beste Evangelisation. Hungernde kommen immer gern an einen Ort, wo es gute Nahrung gibt und Kranke dorthin, wo es Heilung gibt. Von daher stehen sich der pastorale und der evangelistische Dienste nicht gegenüber, sondern sind die beiden Seiten ein und derselben Münze.

In Folgenden wenden wir uns den Aufträgen in der Gemeinde zu, durch welche die Gemeinde versorgt wird; den Diensten in der Gemeinde. Diese Aufträge sind Aufgaben, die Gott gibt und sind daher in ihrer Ausführung nicht einfach der Beliebigkeit preisgegeben. In ihrer Gestaltung jedoch sind sie auf Grund des Umfelds einer Gemeinde variabel und „ihre Zahl und Form kann weder durch den Mythos einer verklärten Vergangenheit noch durch das Ideal einer utopischen Zukunft fixiert werden."[29] Wir gehen also nicht von einer klar umrissenen Form der Funktionen innerhalb der Gemeinde aus, sondern von Aufgaben, die in der Auseinandersetzung mit dem jeweiligen Kontext wahrgenommen werden müssen.

Man könnte die drei Bereiche, denen die Aufträge in der Gemeinde dienen sollen, mit Kerygma, Koinonia und Diakonia umschreiben. Dies sind die Hauptbereiche in der Gemeinde und aus ihnen ergeben sich die verschiedenen Funktionen, die in der Gemeinde wahrgenommen werden und zum Tragen kommen. Ich möchte jedoch im Folgenden drei ganz konkrete Dienste

---

[28] Dieser Vortrag wurde im November 2005 anlässlich der Theologischen Tagung der BewegungPlus Schweiz in Gunten gehalten.
[29] J. Moltmann, *Kirche in der Kraft des Geistes*, S. 333. Vgl. auch „Der Leitungsdienst in der Lokalgemeinde", eine Broschüre der BewegungPlus, Thun.

ansprechen resp. Aufgaben in der Gemeinde hervorheben, ohne dabei einen Anspruch auf Vollkommenheit zu erheben. Bei allen drei Aufgaben der Gemeinde kommen immer wieder die drei Bereiche Kerygma, Koinonia und Diakonia zum Tragen.

2. Drei Aufgaben in der Gemeinde

2.1. Der Gottesdienst

Während man über die Form des Gottesdienstes in aller Ruhe reden kann und in den 2000 Jahren Kirchengeschichte auch geredet hat, hat die Kirche dennoch kaum je das Gefühl gehabt, sie könne auf den Gottesdienst an sich verzichten – auch wir nicht. Im Folgenden wird nicht auf das Bedürfnis und die Notwendigkeit jeder Gesellschaft nach sinngebenden und sinnvollen Ritualen noch auf die Notwendigkeit und Bedeutung eines allgemeinen Sonntags[30] eingegangen. Diese beiden Notwendigkeiten (Rituale und allgemeiner Sonntag) werden im Folgenden vorausgesetzt.

Ziel des Gottesdienstes ist es nicht uns für einige Zeit in eine andere Welt zu versetzen, damit wir dann im Alltag die wirkliche Welt wieder besser aushalten können, sondern im Gottesdienst erleben wir antizipierend, wie durch Christus diese Welt qualitativ verändert wurde und immer wieder wird: Hier sind die Letzten die Ersten, die Trauernden diejenigen, die sich freuen dürfen, die Schwachen sind stark und die Armen sind reich. Der Gottesdienst ist somit mehr als nur Ventil um Überdruck an Stress abzulassen und mehr als nur Voraussetzung um das innere Gleichgewicht zu behalten. Der Gottesdienst ist das Fest der Gemeinde als deren Reaktion auf die erlebte Befreiung durch das Evangelium, er ist Nährboden sowohl für die konsequente Ausrichtung der Gemeinde auf ihre Erlösung durch den Gekreuzigten wie auch ihre eschatologische Hoffnung auf den Kommenden.

Im Gottesdienst erleben wir dann a) Kerygma, das Angesprochenwerden durch Gott, b) Koinonia, sowohl untereinander (ein Leib, viele Glieder) wie auch mit Gott, ausgedrückt in unserer Anbetung und c) Diakonia, sei dies nun in Form vom Gebet mit Kranken, der nährenden und Leben entfaltenden Verkündigung oder anderen Charismen, die zum Tragen kommen.

2.2. Leitung der Gemeinde

Eine weitere Aufgabe ist die Leitung in der Gemeinde. Leitende sind immer auch Teil der Gemeinde, der sie dienen und stehen ihr gleichzeitig auch gegenüber. Ihre Aufgabe ist es, die

[30] Zur Bedeutung des Sabbats für die Schöpfung, siehe J. Moltmann, *Gott in der Schöpfung* (München: Chr. Kaiser Verlag, 1993^4), S. 281-99.

Gemeinde so zu leiten, dass Kerygma, Koinonia und Diakonia in der Gemeinde entfaltet und erlebt werden können.

2.3. Die Einheit der Gemeinde

Etwas überraschen mag es, die Einheit der Gemeinde als Aufgabe in der Gemeinde zu definieren. Doch nur schon ein oberflächlicher Blick ins Neue Testament zeigt, wie wichtig der Dienst der Einheit in der ersten Gemeinde war:

- Der von dieser Erde scheidende Christus betet für die Einheit seiner Nachfolger auch nach seinem Weggang, denn dadurch wird die Welt erkennen, dass Jesus von Gott gesandt wurde (Joh. 17,21). Einheit ist somit eine Form der Evangelisation.
- Petrus und Johannes stellen die Einheit zwischen der neuen Gemeinde in Samaria und der Muttergemeinde in Jerusalem her (Apg. 8,14-25).
- Barnabas und andere stellen die Einheit zwischen Antiochia und Jerusalem her (Apg. 15,22-35).
- Der Epheserbrief greift das Thema sehr ausführlich auf und umschreibt Jesu Dienst vorrangig in „einenden“ Begriffen: „Er hat die getrennten Teile der Menschheit mit sich verbunden und daraus den einen neuen Menschen geschaffen.“ (Eph. 2,15). Vom einenden Dienst Jesu schliesst dann Paulus zurück auf den einenden Dienst der Apostel und Propheten. Diese Dienste sind der Gemeinde gegeben, um ihre Einheit zu wahren. Da wo die Einheit der Gemeinde zerstört ist, entsteht ein Zerrbild der Erlösung durch Christus; das Heil ist nicht vollständig und der Heilige Geist wird betrübt (Eph. 4,30; vgl. Kol. 1,15-22). Wo die Gemeinde geteilt ist, da ist auch Christus zerteilt. Doch Ziel der Erlösung Christi ist es alles zu vereinen, was getrennt ist. Das heisst, dass Trennungen zwischen Gemeinden zwar vielleicht unumgänglich sind, aber immer auch einen Verlust am Zeugnis und der Heilserfahrung durch Christus darstellen. Auch da wo Trennung zum Schutz Einzelner (oder von Gemeinden) unvermeidbar wird, ist sie immer auch Eingeständnis und Ausdruck unserer unvollständigen Heilserfahrung und unserer Zerrissenheit und ist daher in letzter Konsequenz nie gut, aber leider zuweilen nicht vermeidbar. Sie sollte deshalb von allen Beteiligten zumindest erlitten und nicht gesucht werden.

Und zur Einheit der Gemeinde an einem Ort gehört auch die Einheit der einzelnen Ortsgemeinden ... mit anderen Gemeinden in anderen und weiteren Regionen. Die Gemeinde Christi ist an einem bestimmten Ort und zugleich an allen Orten. Sie muss ihre Einheit darum auch überregional darstellen."[31] Ganz offensichtlich hat dies die erste Gemeinde gewusst und daher Leute für den Dienst dieser Einheit ausgesondert.

Jede Lokalgemeinde und jede Denomination muss sich daher fragen, wie sie die Einheit mit den anderen Kirchen ausdrückt und wie dieser Dienst in ihr ausgeführt wird. Zudem kann im Zusammenhang mit dem sichtbaren Ausdruck dieser Einheit die motivierende Frage nie sein: „Was bringt uns das?" Wenn Einheit auf „was es einem bringt" reduziert wird, dann ist sie bereits in ihrem Kern zerstört, denn dann geht es einem immer nur um sich selber. Einheit besteht aber gerade um des Anderen und nicht um seiner selbst Willen. Einheit wird nur in der Gemeinschaft Verschiedener sicht- und erfahrbar. Es ist ein Leib, aber viele Charismen, die eben ganz unterschiedlich sind. Erst so wird diese Einheit gleichzeitig auch zum Zeichen der Hoffnung auf die endgültige Erlösung: „Seit jeher war es seine [Gottes] Absicht, durch Christus alle Zeiten zu vollenden und alles, was im Himmel und auf Erden lebt, zu einen unter Christus als dem Haupt" (Eph. 1,10).

Kaum etwas anderes wie der Dienst der Einheit vereinigt in sich Kerygma, Koinonia und Diakonia: In der Einheit wird die versöhnende und alle Feindschaft überwindende Kraft Christi sichtbar proklamiert (Eph. 2,16; Joh. 17,21); sie führt durch Versöhnung zu wahrer, Koinonia, zur Gemeinschaft der Verschiedenen; und sie ist Diakonia, denn in ihr erleben wir die heilende Kraft Gottes, die buchstäblich Not-wendende Ergänzung durch die Anderen und dadurch die Bereicherung und das Mehr an Fülle Gottes unter uns.

3. Schlussfolgerung

Wenn die Kirche eine Gemeinschaft der Charismen ist, dann ist sie eine Gemeinschaft der Dienste.[32] Diese Dienste dienen immer der Verwirklichung von Kerygma, Koinonia und Diakonia. Zudem stehen diese Dienste *in* der Gemeinde nie in Konkurrenz zum Dienst *der* Gemeinde, sondern sie sind eine Form der Verwirklichung dieses Dienstes. Indem durch Kerygma, Koinonia und Diakonia die Gemeinde erbaut und genährt wird, trägt sie zur Verwirklichung des durch Christus erworbenen Heils in dieser Welt teil. Indem sie die Aufträge in ihrer Mitte wahrnimmt, befähigt sie ihre Glieder nicht nur zur Ausführung des Auftrags an der Welt, sondern trägt bereits zu dessen Erfüllung mit bei.

---

[31] Moltmann, *Kirche*, S. 337.

[32] Sehr gut dazu H. Küng, *Die Kirche* (Freiburg: Herder Verlag, 1967), S. 465.

Fragen zur persönlichen Vertiefung

1. Was löst das Gelesene in mir aus?
2. Welche Konsequenzen hat es für meine Lokalgemeinde?
3. Wo und wie wird unsere Einheit innerhalb unserer Kirche im Umgang mit mit anderen Kirchen konkret sichtbar und erlebbar?

Manifestationen geistlicher Vollmacht in Leben und Dienst: biblische Perspektiven[33]

1. Einleitung

Macht und Religion gehören für den Menschen seit je her zusammen. So sagten schon die alten Griechen: *„Was ist ein Gott? Die Ausübung von Macht."* Macht und die Wahrnehmung von Macht ist auch eine der wesentlichen Grundlagen des alttestamentlichen Jahwe-Glaubens und des neutestamentlichen Christus-Glaubens: Jahwe hat in seiner Macht Israel aus Ägypten befreit und die Herrscher und Götter des Grossreiches überwunden und Christus hat die Gefangenen befreit, die Kranken geheilt und über die Mächte triumphiert.

Allerdings unterscheidet sich der Jahwe- und der Christusglauben in seinem Umgang mit der Macht wesentlich von den Machtvorstellungen der damaligen heidnischen Nachbarn – und wohl auch von den Machtdefinitionen unserer Zeit. Die Machtausübung des Gottes der Bibel ist ganz auf ein Ziel hin angelegt: Die Überwindung des Bösen in all seinen Erscheinungsformen.[34]

Ebenfalls im krassen Gegensatz zur heidnischen Umwelt kommt die Macht Gottes in der Bibel primär den Bedürftigen, Hilflosen und Schwachen zugute, also genau jenen, die machtlos und in der Gesellschaft oft marginalisiert sind. Dazu gehören Sklaven, Witwen, Waisen, Kranken, Aussätzigen, Dämonisierten und Ausgestossenen. Das im Gegensatz zu den heidnischen Religionen, wo die Mächtigen dieser Welt auch die Günstlinge der machtvollen Götter waren und sich so gegenseitig in ihren Positionen gestützt haben.

Wenn nun die Verwirklichung des Heils Gottes in dieser Welt einhergeht mit der Demonstration seiner Macht, dann wird folgerichtig seine Macht auch im Leben und Dienst seiner Gesandten manifestiert werden, denn laut jüdischem Grundsatz gilt: *„Der Bote ist wie der Mensch, der ihn gesandt hat."* Und das führt uns mitten ins Thema: Wie manifestiert sich die Macht Gottes im Leben und Dienst seiner Boten? Welche Erscheinungsformen hat diese Macht? Dass es sich hier um eine verzwickte Frage handelt, die von verschiedenen Menschen ganz unterschiedlich beantwortet wird, erkennen wir bereits aus den Briefen des Paulus. Keinem Geringeren als dem

---

[33] Referat gehalten an der Theolgogsichen Tagung der BewegungPlus, November 2003, Gunten.

[34] Von da her ist es nur begrenzt richtig zu sagen, dass die Machtausübung Gottes seiner Selbstbehauptung diene, denn primär dient sie der Überwindung des Bösen und nicht einfach der Demonstration von Macht um ihrer selbst willen.

grossen Apostel wurde ja mangelnde Vollmacht in seinem Dienst vorgeworfen (2. Kor. 10,1-12,13). Unter anderem wurde ihm angekreidet:

- schwache oder gar fehlende Leiterschaft und zaghaftes Auftreten
- mangelnde Visionen und Geisteserfahrungen
- fehlende Zeichen und Wunder in seinem Dienst

Genauso überraschend wie der Vorwurf ist die Antwort des Apostels. Um seinen Dienst als Apostel zu legitimieren beruft er sich auf seine Leiden als Kennzeichen eines wahren Apostels (2. Kor. 11,23-30) und endet mit der Aussage: *„Wenn schon geprahlt sein muss, will ich mit meiner Schwachheit prahlen"* (2.Kor. 11.30 + 12,5-10). Seine Schwachheit scheint ihn geradezu als Apostel auszuzeichnen, denn nur in und durch diese manifestiert sich die Kraft Gottes.

Somit sind wir von Anfang an mit dem Paradox der Ausdrucksformen geistlicher Vollmacht im Leben und Dienst von uns Menschen konfrontiert. Diesem Paradox gilt es in allem Folgenden Rechnung zu tragen und wo das Paradox aufgehoben wird, kommt es schnell einmal zum Flirt mit den Mächtigen und Machtvorstellungen unserer Zeit und dieser wird immer mit dem Verlust wahrer geistlicher Vollmacht enden.

Im Folgenden werden die Manifestationen der Macht Gottes im Leben und Dienst seines Volkes in vier Kategorien zusammengefasst, wobei das Gebet nicht als besonderer Teil behandelt wird, sondern jeweils in allen vier Arten der Überwindung des Bösen zur Sprache kommt oder vorausgesetzt wird. Am Ende jedes Abschnittes kommen auch kritische Einwände der Bibel selber zu diesen Manifestationen der Macht Gottes in und durch seine Kirche zur Sprache. Der letzten Ausdrucksform geistlicher Vollmacht wird am meisten Platz eingeräumt, da sie für die Bibel und die alten Kirchenväter die wichtigste und entscheidendste darstellt.

2. Charismatische Manifestationen: Exorzismen, Heilungen, Zeichen und Wunder

2.1 Überwindung des Bösen durch Zeichen und Wunder

In den Heilungen und Exorzismen Jesu begegnete den Menschen seiner Zeit Gottes Macht und Heil, und so fasst Petrus den Dienst Jesu auch zusammen: *„Ihr wisst, was im ganzen Land der Juden geschehen ist, angefangen in Galiläa, nach der Taufe die Johannes verkündet hat: wie Gott Jesus von Nazareth gesalbt hat mit dem Heiligen Geist und mit Kraft, wie dieser umherzog,*

Gutes tat und alle heilte, die in der Gewalt des Teufels waren; denn Gott war mit ihm" (Apg. 10,37-38). Deshalb spielen die Heilungen und Befreiungen Dämonisierter in den Evangelien auch eine zentrale Rolle. In ihnen wird Gottes Heil und Macht realisiert.

Gleiches gilt auch für das Alte Testament. Auch dort sind Zeichen und Wunder eine Kurzformel für Gottes heil- und machtvolles Wirken zu Gunsten seines Volkes und werden vor allem im Zusammenhang mit dem Exodus erwähnt (2. Mose 7,3; 11,9-10; 5. Mose 4,34; 6,22; etc.). Zeichen und Wunder sind nicht nur Begleiterscheinungen der Verkündigung, sozusagen um diese zu bestätigen, sondern Teil der Heilsverwirklichung Gottes, Teil der Überwindung und Beseitigung des Bösen.

Vom Exodus und Dienst Jesu als Vorbild ist es nur ein kleiner Sprung zu den charismatischen Manifestationen in und durch die Gemeinde. So wie Gott Jesus sandte, um die Gefangenen zu befreien, so ist seine Gemeinde gesandt, um diesen Dienst fortzuführen (Joh. 20,21; Apg. 1,1[35]). Als Jesus seine Jünger aussandte, gab er ihnen Vollmacht, um zu heilen und Exorzismen durchzuführen (Mt. 10,1, *par.* Lk. 9,1-2, Mk. 6,6b-13) und im Leben der ersten Gemeinde spielten Zeichen und Wunder ebenfalls eine wichtige Rolle (Apg. 2,43). Im langen Ende des Markus Evangeliums (Mk. 16,9-20) werden Heilungen, Zeichen und Wunder mit dem missionarischen Auftrag der Gemeinde verknüpft, und auch die frühen Kirchenväter haben die Manifestation der Kraft Gottes und die Verwirklichung seines Heils mit der Vollmacht über Dämonen in enge Verbindung gebracht. Zudem sind Zeichen und Wunder Erfahrung und Ausdruck des Schutzes und der Gegenwart Gottes mit seiner Schöpfung.
In diesen Zeichen und Wundern werden Krankheiten, die zerstörerische Macht der Dämonen, welche die Ebenbildlichkeit und Würde des Menschen zerstören, überwunden – wenn auch nur vorwegnehmend, aber dennoch real. In anderen Worten: Das, was das Leben, das Gott geschaffen hat zerstören und vernichten will, wird besiegt und entkräftet. Das Leben, welches Gott gibt, triumphiert über den Hass und die Zerstörung. So gesehen ist die Bitte im Vaterunser *„und erlöse uns von dem Bösen"* ein exorzistisches Gebet und eine Bitte um die Überwindung des Bösen durch Heilung, Befreiung und Gottes Machtdemonstrationen.

[35] „... was Jesus angefangen hat zu tun und lehren" impliziert, dass die Apostelgeschichte die Fortsetzung dessen ist, was Jesus tut und lehrt.

2.2 Kritische Stimmen in der Bibel selber

Zum Einen kennen wir aus der Geschichte und vielleicht aus unserem persönlichen Erleben, wie nicht stattfindende Heilungen und Wunder, ähnlich wie bei Paulus, Grund für Vorwürfe und Schuldzuweisungen wurden. Als Resultat machen sich anstatt Hoffnung, Heilung und Erlösung nur Schuldgefühle und eine zusätzliche Verzweiflung breit.

Zum Anderen verwehrt sich die Bibel einer einseitigen Faszination an machtvollen Manifestationen. Wo immer diese losgelöst von der Liebe sind, verkommen sie zum lärmenden Leerlauf (1. Kor. 13,1-2), und wo immer sie der eigenen Profilierung dienen, ist Gottes Zorn nicht fern (Apg. 8,18-24). Auch wird nirgends die Schlussfolgerung gezogen, dass Personen, durch die Heilungen und Befreiungen geschehen automatisch geistlich „vollmächtig" oder über kritische Anfragen erhaben seien: *„Nicht jeder, der zu mir sagt: Herr! Herr! wird in das Himmelreich kommen, sondern nur, wer den Willen meines Vaters im Himmel erfüllt. Viele werden an jenem Tag zu mir sagen: Herr, Herr, sind wir nicht in deinem Namen als Propheten aufgetreten, und haben wir nicht in deinem Namen Dämonen ausgetrieben und in deinem Namen Wunder vollbracht? Dann werde ich ihnen antworten: Ich kenne euch nicht. Weg von mir, ihr Übertreter des Gesetzes!"* (Mt. 7,21-23).

Diese kritische Stimme in der Bibel führt zur zweiten Ausdrucksweise der Macht Gottes im Leben und Dienst seiner Kirche.

3. Heiligung: Macht über die Sünde

3.1 Überwindung des Bösen in mir

Für die Bibel ist Heiligung nicht nur eine Voraussetzung für geistliche Vollmacht, sondern bereits Ausdruck einer solchen Vollmacht: *„Wenn du Böses planst, lauert die Sünde vor der Tür deines Herzens und will dich verschlingen. Du aber sei Herr über sie!"* (1. Mose 4,7). So kann auch Paulus ein Leben in der Kraft des Geistes gleichsetzen mit einem Leben im Gehorsam, der Liebe und der Heiligung (Röm. 7,4-6; 8,1-27; Gal. 5,13-16; Eph. 2,10; 5,8-9; etc.).

Seit jeher galt der erneuerte Lebensstil, die Heiligung des Gottesvolkes als machtvolle Demonstration der Herrlichkeit und Grösse Gottes: *„Ich verkündige euch jetzt die Gebote und Rechtsordnungen, die mir der Herr, mein Gott, für euch gegeben hat. Bewahrt und befolgt sie in dem Land, das ihr nun in Besitz nehmt. Dadurch werdet ihr unter den anderen Völkern berühmt.*

Denn wenn die anderen Völker hören, nach was für Geboten ihr lebt, werden sie voll Achtung auf euch blicken und sagen: Wie klug und einsichtig ist doch dieses grosse Volk. Kein anderes Volk hat ja einen Gott, der ihm mit seiner Hilfe so nahe ist, wie uns der Herr, unser Gott. Er hilft, sooft wir zu ihm rufen. Und kein anderes Volk hat so gute Gebote und Rechtsbestimmungen wie die, die ich euch heute gebe" (5. Mose 4,5-7, vgl. Apg. 2,42-47, 4,32-35, 5,12-16). Dieser erneuerte Lebensstil als machtvolle Demonstration der Herrlichkeit Gottes drückt sich primär in einem Leben der Liebe und der Versöhnung aus: *„Ich gebe euch ein neues Gebot, das Gebot der Liebe. Ihr sollt einander genauso lieben, wie ich euch geliebt habe. Wenn ihr einander liebt, werden alle erkennen, dass ihr meine Jünger seid"* (Joh. 13,34-35; vgl. Röm. 13,8-10). Die Nächstenliebe ist die Erfüllung des Gesetzes und das Gesetz Gottes ist ganz auf den Gewinn des Lebens hin angelegt. Dabei gilt zu beachten, dass die Liebe nie zum Ersatz des Gesetzes wird, sondern immer dessen Erfüllung ist. Es gilt jedoch: Wo Gottes Gebote gehalten werden, triumphiert die lebenspendende Macht Gottes über die zerstörerischen und destruktiven Mächte in dieser Welt.

Die enge Verbindung zwischen der Macht und dem Gebot Gottes kommt nicht nur im Vaterunser und im Gebet Jesu in Getsemane zum Ausdruck, *„Dein Reich komme – dein Wille geschehe"*, sondern ist ein wichtiges Thema jüdischer Literatur. Für die Rabbiner galt: Jahwe gibt Macht und Stärke. Doch das war gleichbedeutend war mit: Jahwe gibt seinem Volk die Thora. Die Thora ist Ausdruck der Macht und Stärke Gottes, denn die Thora ordnet die Welt neu. Durch die Thora verwirklicht Gott seine schöpferische Herrschaft und Ordnung. Nicht mehr das Böse, nicht mehr die Gewaltigen dieser Welt ordnen das Leben und die Schöpfung, sondern Gottes Thora und dadurch Gottes Liebe. Dieses Verständnis von der Thora als der Macht Gottes geht direkt auf das Alte Testament selber zurück (Jes. 42,4; 51,4-8; Micha 4,1-4; etc.).

Gleiches wie von den Rabbinern kann über die Literatur der ersten Kirchenväter gesagt werden. Als eines der Hauptargumente für die Macht Gottes, und damit als eines der Hauptargumente für den christlichen Glauben, verwiesen sie immer wieder auf die veränderten Leben der Christen und die heilige Gemeinschaft der Kirche. In den erneuerten Leben und im heiligen Lebenswandel der Christen wird Gottes Grösse manifestiert und das Böse überwunden. Ganz ähnlich argumentierte auch der Vater der Pfingstbewegung, William J. Seymour, als er sich zum Zungengebet als Zeichen der Geistesfülle äusserte und stattdessen auf die Überwindung von Rassismus hinwies. Charismatische Machtdemonstrationen, von denen er viele erlebte, gewichtete er nicht gleich stark wie einen erneuerten Lebensstil, in seinem Fall speziell im Zusammenhang mit Rassismus.

Eine besondere Form der Überwindung des Bösen in mir, aber auch um mich herum, nimmt in diesem Bereich die Askese ein. Askese als Weg zur Überwindung des Bösen in mir, beruft sich oft auf 1. Kor. 9,27 wo Paulus davon spricht, dass er seinen eigenen Leib schlägt, um ihn so ganz in seine Gewalt zu bekommen. Askese als „Gebetsform" in der Überwindung des Bösen um mich herum geht häufig auf den Text in Mt. 17,21 zurück, wo es im Zusammenhang mit der Heilung des epileptischen Kindes in einigen Manuskripten heisst: *„Diese Art fährt nur durch Fasten und Beten aus."*

3.2 Kritische Stimmen in der Bibel

Dass der Umgang mit dem Gesetz Gottes leicht zur Gesetzlichkeit verkommen kann, wird vor allem in Jesu Auseinandersetzung mit den Pharisäern deutlich: Getünchte Gräber nennt er sie, Scheinheilige, Verblendete und Verführer, solche, die den Sinn des Gesetzes nicht mehr kennen (Mt. 23,13-28). *„Ihr seht die ganze Sache falsch, antwortete Jesus. Ihr kennt weder die heiligen Schriften noch wisst ihr, was Gott in seiner Macht vollbringt"* (Mt. 22,29).

Wo das Gesetz von den Heilstaten Gottes, von der Geschichte des Gesetzes abgekoppelt wird, da verkommt es zum schweren Joch und zur unerträglichen Last (Mt. 11,29-30). Wo die persönliche Heiligung als Argument für die eigene geistliche Bedeutung ins Feld geführt wird, erkennt Jesus nur Unreinheit und Verdorbenheit (Mk. 7,14-23) und Paulus konfrontiert solch eine Denkweise als stolz und die Betonung auf das Gesetz als unnütz und gefährlich (Röm. 1,18-3,31). Hier sollen Formen und Pflichten den Mangel an erlebter Macht Gottes kaschieren (Mt. 22,29) und werden auch immer lieblos.

Diese Konfrontation einer falschen Gesetzlichkeit und Askese führt zur dritten Ausdrucksweise der Macht Gottes im Leben und der Mission des Volkes Gottes.

4. Prophetische Proklamation

4.1 Die schöpferische Kraft der Prophetie

Dass es sich beim prophetischen Dienst um eine Machtdemonstration Gottes handelt, wird schon an den Königsbüchern sichtbar: Während die Bücher bei uns „Könige" heissen, also um

Machthaber und Mächtige kreisen, werden sie im jüdischen Kanon „die frühen Propheten" genannt. Es geht somit um *Gottes* mächtiges und prophetisches Reden in der Geschichte, im Gegensatz zu den Machtansprüchen von Königen und Herrschern. Das wiederum erklärt, weshalb durch die ganze Bibel das Böse immer wieder mit der Gewaltherrschaft gottloser Regenten identifiziert wurde und die Überwindung des Bösen sehr oft politische Untertöne annahm (Jes. 1,24-25; 3,14; 10,1-3; Jer. 3,36-37; 19,14-20,6; 21,1-10; Amos 6,1-7; Lk. 3,18-19; etc.).

Während bei den frühen Propheten charismatische Machtdemonstrationen eine bedeutende Rolle spielten (z.B. Elia und Elisa), geraten diese bei den späteren, den Schriftpropheten, in den Hintergrund. So wird z.B. von einem der grössten Propheten, Johannes dem Täufer, von keinerlei Zeichen oder Wundern als Begleiterscheinung seines geisterfüllten und vollmächtigen Dienstes (Lk. 1,15-17) erzählt. Dafür ist Johannes ganz in der Linie der alttestamentlichen Propheten, wenn er die Machthaber und geistliche Elite seiner Zeit mit dem Machtanspruch Gottes konfrontiert (Lk. 3,1-20).

Die Macht prophetischer Rede in der Bibel liegt in ihrer schöpferischen Natur, denn prophetische Proklamation will nicht nur informieren, sondern sie gestaltet die Welt neu. Prophetische Worte transformieren, sie verwirklichen das Gericht (z.B. Jes. 6.10), sie schaffen einen neuen Kosmos aus dem Chaos (z.B. Jes. 40,1-8), sie verändern die sozialen Kategorien innerhalb einer Gruppe (z.B. Apg. 10,1-11,18) und sie definieren diese Welt neu (z.B. Lk. 4,16-30). Sie sind eine Art, wie Gott das Böse in dieser Welt überwindet.

Sehr deutlich wird das noch einmal im Dienst des Täufers. Sein Wirken geschieht „im Geist und in der Kraft Elias" (Lk. 1,15) und die Auswirkungen seines machtvollen Auftretens sind Versöhnung zwischen Gott und seinem Volk und zwischen „den Vätern und ihren Söhnen" (Lk. 1,16-17), d.h. zwischenmenschliche Versöhnung. Der Bericht seines Dienstes (Lk. 3,1-20) kreist dann auch um diese beiden Pole. Er ruft das Volk zum erneuten Gehorsam gegen Gott auf, und er schliesst all jene Menschen in diesen Ruf mit ein, die von der religiösen Elite seiner Zeit (den geistlichen Vätern) abgelehnt wurden. Wie Jesus nach ihm, definiert bereits Johannes neu, wer zum Volk Gottes gehört und zwar nicht mehr mittels der Ausschliesslichkeit wie bei den Pharisäern, sondern mittels der Versöhnung und Annahme (Lk. 3,8-9; vgl. Apg. 10,1-11,20). Allerdings stösst sowohl beim Täufer wie später bei bei Jesus diese prophetische

„Einschliesslichkeit" auf den erbitternden Widerstand der Herrschenden, die kein Interesse an solch einer Versöhnung hatten. Grundsätzlich gilt somit für den Täufer: Die schöpferische Kraft des prophetischen Dienstes wird bei ihm sehr eng mit der versöhnenden Kraft Gottes verbunden (vgl. 2. Kor. 5,17-21). In eindrücklicher Art und Weise wird das auch in der Geschichte der südafrikanischen Pfingstbewegung sichtbar: 1909 kam es zu einer „prophetischen Handlung" als ein Weisser in einem Gottesdienst seinen Kopf auf den Nacken eines Afrikaners legte und über die Ungerechtigkeit, die jener erleiden musste, weinte. Wie bei Jesus und dem Täufer führte auch hier, was zur Versöhnung zwischen Schwarzen und Weissen innerhalb des Gottesvolkes diente, zur Missbilligung durch die Machthaber, was dann in der Tageszeitung zu lesen war.

4.2 Die manipulative Kraft der Prophetie

Die Erfahrung der schöpferischen, befreienden und/oder richtenden Kraft prophetischer Rede führte immer wieder zu deren Missbrauch. So befanden sich die alttestamentlichen Propheten in einer dauernden Auseinandersetzung mit den falschen Propheten (2. Kö. 22,13-28; Jer. 28; etc.).

Die Frage nach dem rechten Propheten führt zur letzten Form der Manifestation von Gottes Macht durch sein Volk und bringt uns zugleich zur Hauptargumentation des Paulus über seine Vollmacht zurück.

5. Die Leiden der Gerechten als Machtdemonstration Gottes und Weg zur Überwindung des Bösen

Leiden als Machtdemonstration Gottes bringt uns zum Kern des Paradox rund um Gottes Kraft und Macht, zum Kern der Argumentation des Paulus in 2. Kor. 10,1-12,13 und zum Kern des Skandals des Kreuzes (1. Kor. 1,17-31). Nach einigen Stellen des Neuen Testaments ist gerade das Leiden und der Tod Jesu der Zeitpunkt seines Sieges über das Teuflische in dieser Welt (Joh. 12,31; Hebr. 2,14): „Gott erscheint kraftlos, besiegt, die Seinen wirken schutzlos und verloren – und eben das sind die Voraussetzungen dafür, dass sich Gottes Kraft sieghaft entfaltet! Gottes Vorsorge realisiert sich betont nicht mit Mitteln der Macht, sie kommt nicht Mächtigen zugute, sie wirkt subversiv gegen die Macht und für die Machtlosen."[36]

Dass Gottes Kraft und die Verwirklichung seiner Herrlichkeit in dieser Welt mit dem Leiden und mit menschlicher Schwachheit Hand in Hand einhergeht, machte schon Petrus Mühe als er in

[36] W. Dietrich und Ch. Link, *Die dunklen Seiten Gottes* (Neukrichen-Vluyn: Neukirchner Verlag, 2000), Bd. 2, S. 268.

Jesus den Messias erkannte, diesen aber nicht mit dessen Passion in Verbindung bringen konnte (Mk. 8,31-33 *par.*).

Das Bild des leidenden und hilflosen Vollmächtigen zieht sich durch die ganze Bibel hindurch, was an folgenden Beispielen ersichtlich wird:

- Jeremia wird geradezu zum Prototyp des vollmächtigen, leidenden Propheten. Dies ist dargestellt in der Szene, wo er als Gefangener in der Zisterne liegt, nachts jedoch der König ihn zu sich holt, um ein Wort des Herrn zu empfangen (Jer. 37,17). Dann ist es auch gerade dieser Prophet, auf den kaum jemand hörte, der die Aussage macht, dass eben jenes Wort des Herrn wie ein Hammer ist, das Felsen zerschlägt (Jer. 23,29): „Ausgerechnet Jeremia, dieser Inbegriff eines leidgeprüften Propheten, der von seinen Angehörigen verstossen wurde, der selber keine Familie haben durfte und völlig vereinsamte, der an seinem Leben und gar an seinem Gott verzweifelte, der auf den Tod gehasst und verfolgt wurde – ausgerechnet er fühlte sich ausgestattet mit einer Kraft, der auch Felsen nicht standhalten.“[37]
- Die berühmten Gottesknechtlieder in Jesaja 42,1-4, 49,1-3; 50,4-10 und 52,13-53,12 verbinden ebenfalls das Leiden mit heilenden und rettenden Kraft Gottes: *„Er schreit nicht und erhebt seine Stimme nicht, er lässt seinen Ruf nicht auf der Gasse hören. Das geknickte Rohr zerbricht er nicht und den glimmenden Docht löscht er nicht aus“* (Jes. 42,2-3). „Ein wenig besorgt fragt man sich, wie ein so sanfter Mensch in der Welt viel ausrichten soll!“ Viel, ja gar das Entscheidende, wie es dann im vierten Lied zum Ausdruck kommt, das um das Paradox der Leiden als Weg zur Überwindung des Bösen kreist: Wir dachten – doch er trug unsere Schuld. Wir hielten ihn für... – aber er befreit die vielen und Gott rechnet ihn zu den Grossen (Jes. 52,13-53,12). „Dass mit diesem einen, der gelitten hatte wie Unzählige vor ihm und nach ihm, Gott gelitten hat, das verändert alles. Denn wie sollte es möglich sein, Gott ... zu treffen? Wer ihn in Leiden stürzt, arbeitet an seinem eigenen Sturz. Gott wird über kurz oder lang ihm zugefügtes Leid überwinden und die, die mit ihm und für ihn leiden, in seinen Sieg hineinreissen. ... Die da meinten, nun sei auch dieses Rohr zerbrochen und dieser Docht erloschen, sahen sich getäuscht. Der ‚Knecht‘ triumphiert über sie alle, sein ‚Tod wurde verschlungen in den Sieg‘ Gottes (1. Kor 15,55).“[38] (Gott selber ist es, der diesen „Erfolg der Ohnmacht“ bewirkt: *„Siehe da, Erfolg hat mein Knecht, äusserst erhaben, erhoben und hoch wird er sein. In Erstaunen versetzt er viele Völker...“* (Jes. 52,13). Und das hat der Gekreuzigte seit 2000 Jahren getan!

[37] Ibid., S. 284.
[38] Ibid., S. 290.

- Johannes der Täufer, ein vollmächtiger Prophet, ist ganz in dieser Linie zu sehen: Vollmächtig konfrontiert er die Machthaber seiner Zeit, die Angst vor ihm haben, so dass sie ihn schliesslich umbringen.
- Lukas 13,33 ist auf dem Hintergrund des Motivs des leidenden Propheten zu verstehen: Die Passion Jesu beglaubigt ihn als wahren Propheten, ja Jesus wird zur Erfüllung der Gottesknechtlieder.
- Stephanus, ein Mann voll Kraft und Gnade, der Wunder vollbrachte (Apg. 6,8), starb den Tod eines Märtyrers, weil die Mächtigen seiner Zeit keine andere Art kannten, um mit dem umzugehen, was er sagte.
- In die gleiche Richtung wird Kolosser 1,24 zielen, wo Paulus davon spricht, dass er an sich stellvertretend erfülle, was den Leiden Christi fehle, damit die Kolosser Gottes Heil erleben können. Das Böse wird hier durch die Leiden des Gottesvolkes überwunden und besiegt.

Es ist daher nicht erstaunlich, dass auch die frühen Kirchenväter Vollmacht über Dämonen und die Durchschlagskraft des Evangeliums vielerorts mit den Leiden der Kirche in Verbindung brachten. Von Tertullian stammt die bekannte Aussage, dass das Blut der Märtyrer der Same der Kirche sei.

Dass ein Leben und Dienst in der Kraft Gottes sehr oft mit Leiden und eigener Schwachheit einhergeht, hat seinen Ursprung wohl darin, dass beim Volk Gottes die Regel gilt: Gottvertrauen statt Machtanwendung. So ist es kennzeichnend, wie David die Stufen zum Königsthron erstiegen hat: Der Jüngste und Unbedeutendste seiner Familie verzichtete immer wieder darauf, eigene Machtmittel einzusetzen und vertraute seinen Weg Gott an. Ohne die normalen Mittel kriegerischer Macht besiegte er den Riesen Goliath um zu zeigen, dass Jahwe es ist, der die Feinde Israels schlägt. Ohne Anwendung seiner militärischen Macht nahm er die Rebellion Absaloms hin. Die Erzählung ist dann aber auch schonungslos als David von seiner Macht Gebrauch machte, um seinen Ehebruch mit Batseba zu vertuschen. Die Botschaft ist klar: „Wenn selbst ein David zu derartigem Machtmissbrauch fähig ist, dann gilt es vor den Mächtigen dieser Welt, auf der Hut zu sein. Vertrauen verdient allein die Macht Gottes ...“[39]

Das Vertrauen der Hilflosen auf Gottes Kraft und nicht auf eigene Mittel ist auch zentrales Thema bei Jesaja, der sich mit seiner Verkündigung vehement gegen eine Politik der Stärke und

[39] Ibid., S. 271.

eigenen Möglichkeiten wehrte. Er hielt die königliche Bündnispolitik mit Ägypten für fatal, nicht nur weil sie die Stärke der Assyrer unterschätzte, sondern weil sie der Stärke Jahwes nicht traute: *„Wehe denen, die hinablaufen nach Ägypten um Hilfe! Auf Rosse stützen sie sich und auf Streitwagen vertrauen sie, weil es viele sind, und auf Wagenpferde, weil sie sehr stark sind – aber auf den Heiligen Israels schauten sie nicht und Jahwe haben sie nicht aufgesucht. Ägypten jedoch ist Mensch und nicht Gott, seine Rosse sind Fleisch und nicht Geist ...“* (Jes. 31,1-3). In den späteren Kapiteln umschreibt dann Jesaja die Konturen des neuen Gottesvolkes nach der Katastrophe des Exils: *„ohne jede Machtmittel, aber in Gottes Hut“* (z.B. Jes. 61,1-3; vgl. Sach. 4,6; 9,9) und am Ende triumphiert nicht die Macht über die Sanften und die Schwachen, sondern deren Kraft setzt sich gegen die Mächtigen durch: *„Selig sind die Sanftmütigen, denn sie werden die Welt als Besitz empfangen“* oder wie es in der Guten Nachricht heisst: *„Freuen dürfen sich alle, die keine Gewalt anwenden, denn Gott wird ihnen die Erde zum Besitz gebe“* (Mt. 5,5).

In und durch die Leiden und die Schwachheit seines Volkes und seines Sohnes überwindet Gott das Böse in dieser Welt. Daher ist das Kreuz Christi mehr als ein Symbol letzter Solidarität Gottes mit den leidenden Menschen. Es ist der Ort der Auseinandersetzung Gottes mit dem Bösen in seiner Schöpfung, es ist der Ort der Überwindung. Wer das glaubt, muss sich jedoch auch gleichzeitig warnen lassen: „Wer die ... Rede von der Auferweckung des Christus so hört, dass in ihr der Schrei des Gekreuzigten unhörbar geworden ist, ... der hört nicht das Evangelium, der hört einen Siegermythos.“[40]

6. Schlussfolgerung

Als Gemeinde leben wir in einem Spannungsfeld: Wir setzen unser ganzes Vertrauen auf den mächtigen Gott, der in seiner Kraft alle Widerstände gegen ihn überwindet und die Menschen von der Herrschaft des Bösen befreit. Wir erfahren das auch immer wieder in unserem Leben. Gleichzeitig nehmen wir Abschied von jeglichem Siegermythos eines Gottes und Christenlebens, der vorgibt, dass die Macht Gottes menschliche Schwachheit und menschliches Unvermögen sowie Leiden und Nöte aufhebe. Gottes Macht manifestiert sich durch diese Schwachheit. Dieser Stachel wird Zeit unseres Lebens nicht von uns genommen.

Als Gemeinde haben wir es nicht nötig einzelne Arten der Manifestation der Macht Gottes in unserem Leben gegeneinander auszuspielen oder einander über- und unterzuordnen. So wie Gott

[40] J. B. Metz, „Plädoyer für mehr Theodizee-Empfindlichkeit“, in W. Oelmüller (Hrsg), *Worüber man nicht schweigen kann. Neue Diskussionen zur Theodizeefrage* (München: Chr. Kaiser, 1992), S. 127.

den Leib mit verschiedenen Gaben ausgestattet hat, bevollmächtigt er verschiedene Menschen unterschiedlich: Die einen mehr mit charismatischen Manifestationen, andere eher im Bereich der Heiligung oder des Prophetischen. Aber sie alle werden auf ihrem jeweils ganz eigenen Weg mit ihrer eigenen Schwachheit und Unvollkommenheit konfrontiert und erleben, wie diese nicht aufgehoben wird, sondern wie Gott seine Macht durch diese Unvollkommenheit sichtbar werden lässt. Dazu können wir es uns als Gemeinde gar nicht leisten, die eine Ausdrucksform der anderen vorzuziehen. Erst die Fülle der Machtdemonstration Gottes in seiner Kirche führt zur Überwindung des Bösen in dieser Welt.

Und letztlich wird sich die klarste Form geistlicher Vollmacht da manifestieren, wo Versöhnung zwischen ihm und den Menschen und unter den Menschen geschieht, wo „das Herz der Väter den Söhnen zugewandt wird“ und Menschen Gott erkennen (Lk. 117), denn seine Macht ist in ihrem Ziel immer versöhnend, verbindend und liebend.

Fragen zur Selbstreflexion

1. Was löst das Gehörte in mir aus?
   - Hoffnung und Erwartung?
   - Sehnsucht?
   - Vorbehalte?
2. Welche Erscheinungsformen des Bösen werden durch den Dienst unserer Gemeinde in unserem Umfeld überwunden; wo und wie erlöst Gott unsere Umgebung von dem Bösen durch unseren Dienst?
3. Basierend auf obiger Antwort: Welche Erscheinungsform der Macht Gottes ist a) in unserer Lokalgemeinde, b) in meinem Leben und Dienst vorherrschend in der Überwindung des Bösen?
4. Wo und wie erlebe ich: „Gottes Macht manifestiert sich in menschlicher Schwachheit“?
5. Fühle ich mich unter Druck in gewissen Bereichen „vollmächtiger“ sein zu müssen? Wenn ja, in welchen und wie gehe ich damit um?

Unterschiedliche Ansätze in der Interpretation des Neuen Testaments bei den traditionellen Gross- und den neuen Migrationskirchen[41]

1. Einleitung

Die folgenden Ausführungen bieten keine Übersicht zu den gängigsten Produkten, die zurzeit im hermeneutischen Selbstbedienungsshop erhältlich sind, noch folgt ein Referat zur pfingstlichen Hermeneutik. Zu Letzterem wurde schon viel gesagt und geschrieben und kann daher nachgelesen werden.[42] Thema sind zudem auch nicht unterschiedliche Methoden in der Interpretation der Bibel, sondern unterschiedliche Ansätze, besonders in der Begegnung zwischen etablierten westlichen Gross- und neuen Migrationskirchen in Europa. Die Ansätze im Umgang mit der Bibel sind in der Tat sehr unterschiedlich und haben viel mit dem jeweiligen symbolischen Universum (dem Welt-, Gottes- und Selbstbild) der auslegenden Gemeinschaft zu tun, was dann in der je angewandten Methode wiederum zum Ausdruck kommen wird. Dennoch wird mein Zugang nicht der über das jeweilige Welt- und Gottesbild unterschiedlicher Kulturen und Gruppen von Bibellesern sein, sondern im engsten Sinn des Wortes der Ansatz, oder genauer gesagt, die zu Grunde liegende Fragestellung, mit der man sich an die Bibel wendet. Es ist einfacher da, anstatt beim Weltbild einer Auslegungsgemeinschaft anzusetzen, denn die Fragen, mit denen man sich an die Bibel wendet, beeinflussen einerseits die Methodik, mit der man versucht, sie zu interpretieren und widerspiegeln andererseits das Bibelverständnis, das an den Text herangetragen wird.

2. Die Fragestellung im westlich-universitären Ansatz

Global gesehen legen die westlichen Universitäten und Ausbildungsstätten nach wie vor fest, wie theologische Ausbildung stattzufinden hat, und welches die primären Fragestellungen an den biblischen Text sind. Auch wenn innerhalb der Universität heftig über hermeneutische Fragen und Methoden debattiert wird, sind die Fragestellungen relativ einheitlich festgelegt: Es geht in erster Linie darum, die Welt hinter dem Text zu erhellen, damit dadurch der Text selber erklärt werden kann. In neuerer Zeit kamen auch vermehrt Fragen nach der Welt vor dem Text auf; die Welt, welche der Text ansprechen und gestalten möchte sowie die Welt, in der er im Verlauf

[41] Die folgenden Ausführungen sind im Zusammenhang mit einer Arbeitsgruppe der Vereinten Evangelischen Mission (VEM), zusammengesetzt aus deutschsprachigen TheologInnen und PfarrerInnen aus Migrationskirchen in Deutschland, entstanden, die sich in der Ökumenischen Werkstatt Wuppertal zu einem Dialog rund um das Thema von Mächten und Gewalten trafen. In diesem Zusammenhang wurde deutlich, dass eine Diskussion rund um das Verständnis von Mächten und Gewalten untrennbar mit dem jeweiligen Bibelverständnis verbunden ist.

[42] Siehe die Ausführungen und die Literatur in Keith Warrington, Pentecostal Theology. A Theology of Encounter (London: T & T Clark, 2008), S. 180-205.

seiner Geschichte wirkte. Ob nun die Entstehung eines Textes, sein Umfeld, sein Inhalt, seine Absicht oder Wirkung analysiert wird, es geht beinahe immer um historische Fragen, oder theologisch ausgedrückt: Es geht um die menschliche Dimension des biblischen Textes. Die universitäre Auslegungsgemeinschaft hat ihren Schwerpunkt eindeutig auf diese Fragestellung gelegt, z. T. nicht einmal zwingend auf eine theologische. Dadurch hat sie uns einen unermesslichen Schatz an Information und Hilfe zum Verständnis biblischer Texte zur Verfügung gestellt, auf den zu verzichten schon ans Grobfahrlässige grenzen würde. Gleichzeitig muss man beachten, dass die Fragestellung auf das historische Element eingeschränkt ist und dadurch gewisse Menschen von dieser Auslegungsgemeinschaft ausschliesst – nämlich all diejenigen, welche diese historischen Fragen nicht erörtern können, weil ihnen dazu die Mittel oder die Ausbildung fehlen. Und das ist der Grossteil der Kirchgänger.

Diese Gruppe bildet eine weitere Auslegungsgemeinschaft, und wahrscheinlich ist ihre Fragestellung an die biblischen Texte so unterschiedlich wie die Menschen innerhalb der Gruppe sind. In der westlichen Welt hat es unter diesen Leuten bestimmt einige Personen, die durchaus grosses Interesse an der historischen Fragestellung haben, aber bei den wenigsten wird das ursprünglich *ihre* Fragestellung gewesen sein, die sie bewog, zu irgendeinem Zeitpunkt in der Bibel zu lesen. Und diese unterschiedlichen Ausgangsfragen, mit der die beiden Gemeinschaften einen Bibeltext angehen, können zu einer Distanz zwischen der Auslegungsgemeinschaft der Universität und jener der Kirchgemeinde führen, müssen aber nicht zwingend. In der jüngsten Vergangenheit sind dann im Westen ganz neue Methoden entwickelt worden, um diese Distanz zu überwinden, so z. B. die tiefenpsychologische Auslegung oder eben das Bibliodrama. Aber auch alt bewährte Ansätze wie die Textmeditation und Exerzitien erleben gegenwärtig eine Renaissance. Viele dieser „Methoden" lernt man nicht zwingend an der Universität, sondern zum Teil in weiterführenden Kursen oder im Vikariat bei einer guten Lehrmeisterin, der man über die Schultern schauen kann.

3. Die Fragestellung in den pfingstlich-charismatischen Kirchen der Zweidrittel-Welt

Mit an einhundert Prozent grenzender Sicherheit kann man sagen, dass in den Migrationskirchen und den Gemeinden in der Zweidrittel-Welt die *ursprüngliche* Fragestellung an einen Bibeltext kaum historischer Natur gewesen ist. Meist wendet man sich hier an die Bibel, um Antworten auf ganz konkrete Lebensfragen und Probleme zu erhalten. Der Ausgangspunkt ist somit mehrheitlich das eigene Erleben: Ein Kind ist krank – wie sind Jesus und die Apostel damit umgegangen; woher hatten sie die Kraft, Kranke zu heilen? Die Frage, was ein biblischer Autor unter Dämonen genau verstanden hat, und wie das mit seinem damaligen und dem eigenen heutigen Weltbild zusammenhängt, ist in diesem Umfeld viel weniger wichtig als die Frage, wie der dämonenbesessene Nachbar gesund wird. Es interessiert auch niemanden gross, wie z. B. Matthäus den Bericht von der Speisung der 5000 redaktionell überarbeitet hat, sondern die brisante Frage ist, wie eine Mangel leidende Gruppe von Menschen Zugang zu dieser möglichen Fülle finden kann. Einen ganz ähnlichen Umgang mit dem Bibeltext finden wir im Liedgut der Gospels und Spirituals.

In diesen Kreisen gilt die historische Frage in den meisten Fällen als geklärt: Man liest in der Bibel eine Geschichte – und das ist es. Zudem liegt der Schwerpunkt in der Bibellektüre tatsächlich auf den narrativen Texten, die gelesen werden, als wäre man Teil davon – von daher nicht ganz unähnlich zum Bibliodrama. Dabei sollte man diesen Umgang mit biblischen Texten nicht mit einem westlich, dogmatisch geprägtem wörtlichen Fundamentalismus verwechseln, wie er in gewissen evangelikalen Kreisen zum Tragen kommt. Bei vielen Kirchen in der Zweidrittel-Welt liegt im Vordergrund die Frage nach der Lebensbewältigung und der Lebensgestaltung, die Frage nach der Macht, und nicht so sehr die Frage nach „der wahren Lehre". Und da, wo die „wahre Lehre" betont wird, steht ebenfalls die Vollmacht im Vordergrund, denn die wahre Lehre gilt als der richtige Weg, um durch Gottes Wort Teufel, Krankheit und Misserfolg zu überwinden. Und weil zudem der göttliche Ursprung der Bibel im Vordergrund steht, interessiert man sich kaum für den historischen Werdegang eines Textes, sondern betrachtet ihn in seiner Endfassung als normativ für das eigene Leben. Der historische Werdegang mag im besten Fall interessant zu wissen sein, heilt jedoch weder das kranke Kind, noch weckt dieses Wissen *in sich* eine lebendige Hoffnung inmitten widriger Umstände.

Für die universitäre Auslegungsgemeinschaft sind die Probleme dieses Ansatzes offensichtlich: Bibeltexte werden vereinnahmt, Dinge in sie hineingelesen, die historische Distanz aufgehoben und gemäss aufklärerischem Standard noch eine Unzahl weiterer hermeneutischer Sünden verübt. Zudem sind viele dieser Sünden ganz real und enden zuweilen in missbräuchlichem Umgang mit dem Bibeltext. Dabei wird auf westlicher Seite zuweilen übersehen, dass die Fragestellung, mit welcher die Bibel in diesen Kreisen gelesen wird, sich grundlegend von der eigenen Fragestellung unterscheidet, so dass die vorgeworfenen hermeneutischen Sünden auf Grund der unterschiedlichen Fragestellung nicht immer zwingend auch wirkliche Sünden sind.

4. Das Spannungsfeld zwischen den beiden Ansätzen

Natürlich ist diese Gegenüberstellung verallgemeinernd und wird vielen konkreten Situationen im Umgang mit dem Bibeltext nicht gerecht, doch als Tendenzen gesehen sind ist diese Charakterisierung sicher angebracht. Der Blick in irgendein beliebiges Buch zur exegetischen Methodenlehre wird zumindest die Darstellung des westlich-universitären Ansatzes bestätigen.

Die Unterschiede sind recht deutlich: Während im westlich-universitären Umfeld die menschliche Dimension des Textes im Vordergrund steht – man kann durchaus sehr gute exegetische Arbeit leisten, ohne den theologisch normativen Anspruch der Bibel zu bejahen – verstehen die Christen in den Migrationskirchen die Bibel mehrheitlich als normatives und unmissverständliches Wort Gottes. Man könnte die unterschiedlichen Positionen beinahe mit der Debatte der ersten Jahrhunderte rund um die Christologie vergleichen: Wie verhalten sich wahrer Gott und wahrer Mensch zueinander?

Doch lassen wir diese Debatte und wenden uns der Frage zu, welche Fragestellung an den biblischen Text denn überhaupt angebracht ist? Klar ist auf jeden Fall, dass die Art (Gattung) des Textes auch festlegt, welche Fragen er beantworten will. Und darin sind sich beide Gruppen, die westlich-universitäre Gemeinschaft und die Migrationskirchen, in einem zentralen Punkt einig: Die Texte der Bibel wurden in der Auseinandersetzung mit dem Leben und zur Klärung von ganz konkreten Problemen geschrieben. Viele der Autoren verbanden mit ihren Schriften einen gewissen Anspruch, so dass man sagen kann, dass biblische Texte in ihrem Ursprung intentional sind (wie alle anderen Texte auch). Diese Feststellung ist in sich neutral und sagt noch gar nichts über das eigene Bibelverständnis aus. Allerdings unterstreicht sie, dass der Umgang mit der Bibel als Hilfe – oder Anleitung – zur Lebensgestaltung in sich keine Zweckentfremdung des Textes ist, sondern ihrer ursprünglichen Absicht entspricht.

Offen ist lediglich die Frage, ob noch heute und *wie* Bibeltexte zur Lebensgestaltung und -bewältigung herangezogen werden können, aber nicht *dass* sie, zumindest ursprünglich, genau deshalb geschrieben wurden. Bevor die westliche Kirche in Mitteleuropa in einen Dialog mit den Migrationskirchen aus der Zweidrittel-Welt über den Umgang mit der Bibel zu Bewältigung der Herausforderungen im Leben eintreten kann, müssen wir eingestehen, dass sich das Leben auch uns selten logisch präsentiert. Zudem Haben wir die Auseinandersetzung mit dem Leben in all seiner Komplexität zum grossen Teil an die Psychologie, die Medizin und die Soziologie delegiert. Der Theologie bleibt mancherorts nur noch der Restbereich „Spiritualität/innerer

Mensch“. Das wird auch daran deutlich, dass immer mehr Fakultäten zu religionswissenschaftlichen Fakultäten umgebaut werden und beschreibende Aussagen machen. Allerdings hat die Theologie ein starkes sozialethisches Anliegen, aber wie prägend sie diesbezüglich im Alltag der Menschen und unserer Gesellschaft ist, bleibt offen (sollte aber auch nicht unterschätzt werden). Ganz anders wiederum in Ländern der Zweidrittelwelt, in denen manchmal die staatlichen und sozialen Institutionen nicht funktionieren und die ChristInnen direkt und konkret Hilfe von „oben“ erwarten, weil die Probleme des Lebens an niemanden sonst delegiert werden können. Dort hat die „Theologie“ (die Religion) die Aufgabe, Antwort auf die Fragen der Komplexität des Lebens zu geben.

In Bezug auf die Lebensgestaltung wird in der westlichen Theologie die historische Arbeit vielerorts als notwendige Voraussetzung gesehen, um die Brücke zum heutigen Leser zu schlagen. Mit anderen Worten, ohne den Umweg – oder die Rückbesinnung – auf die historische Absicht wird es schwer, die persönliche Bedeutung eines Textes zu erfassen. Aber genau diesen Umweg machen die wenigsten ChristInnen aus den Migrationskirchen – und wenn wir ehrlich sind, auch die wenigsten ChristInnen unserer Kirchen, denn für manch eine Person wurde ein Bibeltext, z. B. erlebt in einem Bibliodrama, in einer Meditationszeit oder tiefenpsychologisch ausgelegt, schon zur existentiellen Lebenshilfe, und zwar völlig unabhängig davon, ob das, was erlebt wurde, der ursprünglichen Absicht des Autors entsprach oder nicht. Auch bei uns hat die Bibel – Gott sei Dank – zuweilen noch unbeabsichtigte Risiken und Nebenwirkungen.

5. Verschiedene Ansätze, ein Anliegen

Wahrscheinlich werden uns die unterschiedlichen Ansätze immer ein wenig fremd oder gar suspekt bleiben. ChristInnen aus den Migrationskirchen werden wohl den Verdacht nie ganz los, dass wir im Westen nicht wirklich richtig gläubig sind, und westliche TheologInnen werden wohl immer betonen, dass die Kirchen der Zweidrittel-Welt biblische Texte zuweilen manipulativ missbrauchen und ihr Weltbild in sie hineinlesen. Wahrscheinlich müssen wir damit einfach leben. Die Frage wird jedoch sein, *wie* wir damit leben: Aneinander vorbei und in diesem Sinn monokulturell, oder in irgendeiner Form als multi-ethnische Kirche miteinander?

Deshalb schlage ich für die weiteren Gespräche zum Umgang mit der Bibel und mit bösen Mächten ganz andere Fragen oder Kriterien als historische vor, die uns leiten können, einen gemeinsamen Weg zu finden, auch wenn wir uns nie einig werden, ob es nun Dämonen im Sinn von bösen Geistern gibt oder nicht:

1. Dient unser jeweiliger Umgang mit der Bibel dem Leben, der Würde und der umfassenden Gesundheit der Menschen? – Und ein ungesunder Umgang mit Gesundheit und Heilung ist kein „Privileg“ einer bestimmten Kultur, sondern findet sich überall. Gemeindeglieder, die für das richtige Verständnis eines Bibeltextes auf die Auslegung einer studierten Fachperson angewiesen sind, werden genauso entmündigt wie jene, denen im Namen Jesu geboten wird, jeglichen Zweifel oder Widerspruch an der Verkündigung des Pastors zu unterlassen und seinen Anweisungen einfach zu glauben.
2. Fördert der Umgang mit der Bibel eine Gemeinschaft, die von Gerechtigkeit, Barmherzigkeit und Frieden geprägt ist?
3. Bestätigt der Umgang mit der Bibel die Gegenwart Gottes inmitten ungeklärter Lebensfragen, Leid, Schmerz und Katastrophen, ohne dass dadurch das Unerklärliche erklärbar und immer überwunden wird?
4. Hilft der Umgang mit der Bibel das Leben im Lichte des Evangeliums hoffnungsvoll und vertrauensvoll zu gestalten, oder in den Worten Martin Luthers, „im Schwung des Übermutes das Leben anzupacken und zu gewinnen“?
5. Ist sich der eigene Umgang mit der Bibel als Hilfe zur Lebensgestaltung bewusst, dass das Leben und die Wirklichkeit komplex, selten logisch und daher nicht einfach mit einem Modell zu erklären sind (Grenzen und Einseitigkeiten des eigenen Ansatzes)? Andere Ansätze in der Bibelauslegung können helfen, der Komplexität des Lebens und der uns wahrnehmbaren Wirklichkeit besser gerecht zu werden, ergo:
6. Führt der Umgang mit der Bibel zu einer Einheit, in der Vielfalt und Unterschiedlichkeit zur Entfaltung kommen, oder wird Andersartigkeit entweder als falsch abgeurteilt oder als naiv belächelt? Und damit verbunden:
7. Führt der Umgang mit der Bibel in letzter Konsequenz zum Staunen und zur Anbetung Gottes, den wir genauso wenig erfassen können wie sein Wort, das er uns geschenkt hat?

Abschliessen möchte ich meine Gedanken mit einem Zitat von NT Professor Klaus Haacker, der die westlichen Exegeten daran erinnert, „dass der Auslegungsprozess vorzeitig abgebrochen wird, wo er nicht zu theologischen Aussagen führt und zum Kampf um den Menschen wird.“[43]

[43] Klaus Haacker, „Thesen zur biblischen Hermeneutik“, *Theol Beiträge* (1972/3), S. 111.

Ein pfingstlich-charismatischer Zugang zu Markus 10,46-52[44]

1. Einleitung

Wenn ich mich als pfingstlich-charismatischer Theologe der Heilungsgeschichte in Mk. 10, 46-52 nähere, trage ich auch meine eigene Biografie an den Text heran. Ein Teil davon ist, dass ich als 18-Jähriger Mitglied einer pfingstlichen Freikirche wurde, aber im Verlauf meines Studiums auch ganz andere Zugänge zur Bibel entdeckt und kennengelernt habe. Ich habe mich entschieden, diesmal so „bewusst pfingstlich" wie nur möglich auf den Text zu hören. Daher habe ich gewisse andere Zugänge ausgeklammert, nicht weil sie nicht hilfreich wären, sondern um die Tradition besser zu repräsentieren, aus der ich komme.

2. Grundlagen pfingstlicher Hermeneutik

Zuerst halte ich fest, dass es kaum *die* pfingstliche Hermeneutik gibt,[45] und von daher kann ich nur versuchen, drei Grundlinien eines pfingstlichen Umgangs mit der Heilungsgeschichte in Mk. 10,46-52 aufzuzeigen:

2.1 Pfingstliche Bibellektüre geschieht aus der Nähe und Betroffenheit heraus

Ein allgemeines Merkmal eines pfingstlichen Umgangs mit der Bibel ist, dass die Texte bei uns aus einer unmittelbaren Nähe und Betroffenheit heraus gelesen werden. Überspitzt gesagt erleben sich pfingstliche Leserinnen und Leser als Teil der biblischen Geschichte, die sie lesen oder als unmittelbare Adressaten eines Textes. Verstärkt wird diese Unmittelbarkeit durch das Bewusstsein, dass der Geist direkt im Hier und Heute durch die Bibel spricht und den Lesern gleichzeitig das Wort „auftut" und nahe bringt. Der Geist umfasst sozusagen beide Enden der Lesung: Er spricht durch den Text und er „macht den gesprochenen Text lebendig" – wie wir zu sagen pfleg(t)en. Diese Nähe zum Text ist nun Stärke und Schwäche unseres Umgangs mit der Bibel zugleich.

Positiv gesehen bewirkt sie die Erwartung, dass durch die Bibellektüre Gott tatsächlich zu uns als Leser im 21. Jahrhundert spricht. Damit verbunden ist auch eine Wertschätzung für die Bibel sowie ein Bewusstsein, dass diese alten Texte von grosser Relevanz für uns heute sind. Ebenfalls wird die Schriftauslegung nicht einfach an einige Spezialisten delegiert, die dann für die anderen festlegen, was ein Text zu bedeuten hat und wie er zu verstehen sei. Die vom Geist bewohnte

---

[44] Dieser Vortrag wurde ursprünglich im Jahre 2001 in der Kartause Ittingen, Thurgau, gehalten. Parallel dazu wurden noch andere hermeneutische Zugänge anhand des gleichen Textes illustriert.

[45] Für eine grundlegende Übersicht zur pfingstlichen Hermeneutik, siehe K. Warrington, *Pentecostal Theology. A Theolgy of Encounter* (London: T & T Clark), S. 180-205.

Gemeinde wird zum Ort der Bibelauslegung und das fördert die Kommunikation innerhalb der Gemeinschaft und lässt alle gleichwertig etwas zum Verständnis beitragen.

Negativ gesehen führt dieser Ansatz leicht dazu, dass ein Text vereinnahmt wird, dass die nötige Distanz dazu fehlt, oder dass er nichtssagend wird – man kennt ihn ja. Ebenso möglich ist, dass er, weil er einen nicht unmittelbar anspricht oder schwer verständlich ist, schlicht ausgeklammert wird. Und wenn es ganz schlecht kommt, dann beruft sich jeder für seine Auslegung auf den Geist – und wenn einer ein anderes Verständnis hat, kommt es zur Trennung, weil jeder sich auf (seinen) Geist beruft.

2.2 Ziel ist die Lebensgestaltung

Ein zweites Merkmal des pfingstlichen Umgangs mit der Bibel ist, dass er ganz auf die Lebensgestaltung hin ausgerichtet ist. Das Wort ist Leben und bewirkt Leben, daher interessieren sich viele Pfingstler/Charismatiker kaum für exegetische Detailfragen, entweder weil sie ihnen zu technisch oder nicht relevant genug sind. Allerdings kann es dann leicht passieren, dass gewisse Texte sehr plakativ im Sinne einer „Beweisstelle" für eine gewisse Meinung herhalten müssen.

2.3 Die Anbiederung mit evangelikalen Kategorien

Die gelebte pfingstliche Hermeneutik wird wohl nicht immer mit dem übereinstimmen, was in unseren Schriften und Bekenntnissen steht: Dort wird vieles vom Evangelikalismus übernommen ohne immer genau reflektiert zu werden, ob das überhaupt mit unserer Spiritualität und unseren entsprechenden Wurzeln in Einklang zu bringen ist. Eine gewisse evangelikale Überlagerung in pfingstlicher Theologie ist nicht zu leugnen, aber erweist sich auch nicht immer als sehr hilfreich, denn die beiden Paradigmen unterscheiden sich (unterschieden sich ursprünglich) wesentlich in ihrer Spiritualität und in ihrem Umgang mit der Bibel.

3. Markus 10,46-52 in einer pfingstlichen Lesung

Den pfingstlichen Umgang mit dieser Geschichte gliedere ich nach den Stärken und den Schwächen eines unmittelbaren Zugangs zum Text, wie oben aufgeführt.

3.1 Das Potenzial in einer unmittelbaren Nähe zur Geschichte

Für die meisten Pfingstler und Charismatiker wird es nicht schwer sein sich in dieser Heilungsgeschichte zu finden. Die Erfahrung des Bartimäus als blinder, hilfsbedürftiger Mensch ist vielen Pfingstlern vertraut. Er steht abseits der Menge, ist eher eine Randfigur und stammt aus den unteren sozialen Schichten. Ihm fehlen auch die Mittel sich selber zu helfen oder seine

eigene Situation zu verändern. Und doch lässt er sich nicht in die Rolle des Opfers oder des „nur Empfangenden“ drängen. In seiner Hilflosigkeit wird er aktiv, als er hört, dass Jesus in der Nähe sei. Er wird laut, ruft, benimmt sich nicht konform und fällt daher unangenehm auf — und schon will ihn die Menge zum Schweigen bringen.
Da finden wir uns: Auch wir sind bekannt dafür, laut zu sein. Auch wir kennen die Erfahrung, dass wir aus der Hilflosigkeit heraus verzweifelt zu Gott schreien und von der religiösen Mittel- und Oberschicht dafür getadelt werden: „So benimmt man sich doch nicht im Bereich des Religiösen!“ Aber dieser Bartimäus lässt sich ebenso wenig zum Schweigen bringen, wie all jene einfachen Pfingstler, die in der konkreten Begegnung mit Jesus Hilfe für die Bewältigung ihres Alltagslebens erhoffen.

Und das führt zu einem weiteren Bereich, wo sich viele Pfingstler im Umgang mit der Geschichte finden: Es ist die Erfahrung gehört und gerufen zu werden. So wie Jesus diesen aufdringlichen Bettler hört und zu sich ruft, so erleben wir immer wieder, dass unser verzweifelter Schrei nach Hilfe nicht einfach im Nichts verklingt oder von der Menge zum Verstummen gebracht wird, sondern von Jesus gehört und aufgegriffen wird. Die Erfahrung, gehört und gerufen zu werden, gibt vielen Pfingstlern nicht nur das Bewusstsein um ihre Würde zurück, sondern nimmt ihnen auch das Gefühl der Ohnmacht inmitten ihrer hilflosen Situation. Gott hört, Gott reagiert und ruft. Als Mensch bin ich somit nicht nur machtlos dem Willen der Menge unterworfen, sondern werde vom Allmächtigen wahrgenommen. Mein Rufen verhallt nicht ungehört im Nichts, sondern bewegt etwas im Leben und in dieser Welt.[46] Bei Gott werden nicht einfach die gehört, die sich gut ausdrücken oder sich gut verkaufen können, sondern er hört und ruft diejenigen, die mittellos, verzweifelt und unangepasst sind.

Und diese Erfahrung führt zum nächsten Aspekt: Obwohl wir uns in der Definition der Heilserfahrung im Grossen und Ganzen den Evangelikalen angepasst haben, trennen wir in unserer gelebten Spiritualität nicht zwischen Heil und Heilung. Die Begegnung mit Gott ist für uns ganzheitlich. Gott spricht den ganzen Menschen an und die Begegnung mit ihm ist leibhaftig. Was die moderne Exegese in Bezug auf die Heilungen Jesu neu entdeckt hat, ist bei uns grundlegend: Jede Heilung ist eine Heilserfahrung und zwischen den beiden zu trennen entspricht nicht unserem Verständnis und Wesen. Gott will Heil schenken und deshalb heilt er. So erwarten wir auf Grund dieser Geschichte von Gott gehört, gerufen und geheilt zu werden.

[46] Zur Rolle des Gebets und der dadurch erwarteten positiven Veränderung im Leben von Menschen, vgl. M. Wenk, „Pfingstliche Pneumatologie zwischen individueller Geisterfahrung und neuer sozialer Realität“, *Ökumenische Rundschau* (60, 3/2011), S. 286-301.

Und das führt uns zur Problematik einer Lesung aus unmittelbarer Nähe und Betroffenheit, vor allem erlebt im Umgang mit Heilung und Glaube (Vers 52).

3.2 Die Problematik einer Lesung aus unmittelbarer Nähe und Betroffenheit

Wie mit der Spannung zwischen der positiven Erwartung auf Heilung, der positiven Erfahrung des gehört und gerufen Werdens einerseits und mit den nicht eingetretenen Heilungen bei uns andererseits umgegangen wird, wird sehr unterschiedlich sein. In diesem Bereich werden wir auf Beeindruckendes und wenig Ruhmreiches in unseren Kreisen stossen. Im Grossen und Ganzen beobachte ich bei vielen Pfingstlern in Mitteleuropa drei Hauptansätze, wie mit Spannungen umgegangen wird:

1. Es wird versucht, die Spannung aufzulösen, in dem eine übersteigerte Heilungserwartung gepredigt wird. Diese Heilung wird dann aber meist kausal an den Glauben der kranken Person gebunden, so dass eine nicht geheilte Person einfach zu wenig Glauben hatte. Die Resultate solch eines Umgangs sind meist fatal, fördern Schuldgefühle, Verzweiflung und lassen die kranke Person mit einem zusätzlichen Elend allein zurück.
2. Die zweite Art mit der Spannung umzugehen wächst aus den Negativerfahrungen der ersten heraus: Um nicht enttäuscht zu werden, um nicht zusätzliches Elend zu fördern oder zu erfahren, wird das Gebet um Heilung kaum mehr praktiziert. Die Hilfe von und die Begegnung mit Jesus wird verinnerlicht, vergeistlicht oder ins Jenseits verlagert. Dies wird wohl häufig der Ansatz von Pfingstlern der zweiten und dritten Generation sein. Allerdings verliert dann die pfingstlich-charismatische Spiritualität viel von ihrer Vitalität und ihrer dynamischen Kraft. Sie wird, ganz im Gegensatz zu Bartimäus, angepasst, von der Menge der Kritiker zum Verstummen gebracht und domestiziert.
3. Die Spannung wird ausgehalten, indem die Sehnsucht nach dem Heilwerden aufrechterhalten wird, ohne die Heilung in irgendeiner Form kausal an den Glauben von irgendjemandem, noch an ein vollmächtiges Gebet oder sonst etwas zu binden. Erfahrungen, wo Menschen nicht geheilt werden, stehen parallel und gleichwertig neben Heilungserfahrungen. Da wird weder bewertet, noch geurteilt, sondern gelitten und voller Sehnsucht weiter gehofft. Ein Pastor mit zwei behinderten Kindern hat dies folgendermassen ausgedrückt, als er zum Thema „vollmächtig leben – auch wenn Gott nicht heilt“ seine Erfahrung reflektiert: *„Nicht die Ohnmacht, an den Willen Gottes gebunden zu sein, macht mir Mühe, sondern vielmehr Jesus als den, der heilen will, zu bezeugen – und es selber nicht zu erleben. .... Vollmächtig leben hat für mich daher viel mit Hoffnung zu tun. ... Der einzige Unterschied zu allen, die ein Wunder erlebt haben,*

ist: ich lebe noch im Glauben und habe noch nicht geschaut. ... Vollmacht hat die Eigenschaft unwahrscheinlicher Vorfreude. Sie bedeutet, das ganze Jahr in vorweihnachtlicher Stimmung zu leben und mich zu freuen." Hier wird die Erwartung, dass Gott heilt, aufrechterhalten ohne negativ auf eine Heilung fixiert zu sein. Hier wird sowohl Gott, wie auch der eigene Schmerz erlitten und diese Form der Hoffnung, der Sehnsucht, setzt wieder eine Energie im Leben der Leidenden frei, auch wenn noch nicht alle Not und aller Schmerz gestillt ist.

4. Schlussfolgerung

Die vorliegende Geschichte eignet sich ideal dafür den pfingstlich-charismatischen Zugang zur Bibel darzustellen. Positiv lässt die Geschichte, gelesen aus einer unmittelbaren Nähe und Identifikation mit den darin vorkommenden Personen, Hoffnung schöpfen, Hilfe erwarten und reisst aus der Resignation und Passivität in den eigenen negativen Lebensumständen heraus. Die Geschichte lässt die Leser erfahren, dass sie bei Gott gehört und wahrgenommen werden.

Negativ kann diese Nähe und Unmittelbarkeit zu den biblischen Personen, insbesondere zu Bartimäus, aber auch gerade zum Gegenteil führen: Zu Enttäuschung, Schuldzuweisung oder erneut angepasstem Verhalten. Hier wäre eine Distanzierung nötig, um so einen neuen Zugang zum Text zu finden ohne ihn zu verharmlosen oder zu vereinnahmen.

Wie lesen wir apokalyptische Texte?[47]

1. Einleitung

Die Eschatologie und apokalyptische Texte spielen in der pfingstlichen Theologie und Spiritualität seit je her eine grosse Rolle: Die Naherwartung der Wiederkunft Jesu ist (war) eines der beliebtesten und wichtigsten Themen pfingstlicher Verkündigung. Problematischer war jedoch der Umgang mit diesen Texten und oft haben Pfingstler unreflektiert das Konzept des Dispensationalismus übernommen. Selten wurde gross darüber nachgedacht, wie apokalpytische Texte zu lesen sind noch gefragt, wie mit desen Texten umzugehen ist?

Aufgabe um eine Gruppe an das Thema heranzuführen:

1. Was und wo schreibt Paulus über das Tausendjährige Reich und was über die Grosse Trübsal? – Nichts, nirgendwo zu finden.
2. Was war der konkrete Anlass für Jesu Rede auf dem Ölberg in Mk. 13, und wie müssen wir demzufolge an den Text heran? – Zerstörung des Tempels; Trübsal = Zeit um das Jahr 70.
3. Vergleiche Mk. 13,13 und Lk. 21,20-21: Was ist geschehen? – Der Gräuel der Verwüstung wird mit römischen Soldaten gedeutet.
4. Was schreibt Johannes in der Offenbarung über die Entrückung der Gläubigen? – Nichts; 12,5 = Himmelfahrt Jesu (αρπάζω; wie auch in 2. Kor. und 1. Thess.; jedoch nicht wie Hebr. 11,5: μετατιθημι).
5. Wer ist laut Johannes (Briefe und Offenbarung) der Antichrist? – Jeder, der leugnet, dass Christus ganz Mensch sei.
6. Warten auf das, was schon da ist, in Lukas 17,20-37:
   - Auf welchen zwei Irrtümern baut die Frage der Pharisäer auf (Verse 20 + 21)?
     - a) Das Reich Gottes könne im Voraus «berechnet» werden. Aber: keine Prognosen, weder politischer Art noch übernatürlicher Zeichen.
     - b) Das Reich Gottes sei noch nicht gegenwärtig – In Christus, eben auch im leidenden Christus, ist es bereits gegenwärtig.
     - c) Wovon spricht Vers 22 aller Wahrscheinlichkeit nach, und worin besteht laut Vers 23 die Gefahr?
     - d) Von der Zeit der Jünger ohne Jesus, wenn er weg ist. Von der Gefahr zu meinen, das „sei es nun"; von der Gefahr, sich durch Zeichen, Berechnungen usw. beeindrucken zu lassen.
   - Von welchem Ereignis spricht Vers 25? Was könnte das für Vers 24 bedeuten?
     - a) Vers 24 spricht von der Kreuzigung und Passion Jesu. Zudem sprechen die Verse 24 und 26 nicht von seinem Kommen, sondern vom Tag des Menschensohns. Es könnte also sein, dass sich das auf die Zeit zwischen Kreuzigung und Auferstehung, oder mehr noch, zwischen Himmelfahrt und Pfingsten bezieht. Da war die Gefahr der Verführung gross, ebenfalls die Sehnsucht nach dem Offenbarwerden Jesu.
   - Welches ist das Problem der Menschen, die in den Versen 26-30 beschrieben werden, und was drücken die Bilder in den Versen 31-32 aus?
     - a) Sie verlieren sich im Alltäglichen, sie haben diese Sehnsucht nach dem Hereinbrechen des Reiches Gottes nicht mehr. Sie erkennen den Ernst der Lage nicht. Gegenbild: keine Zeit für Alltägliches; Vorrang, Eile.
   - Vers 37: Aus welchen Gründen ist die Frage der Jünger etwas erstaunlich?
     - a) Sie fragen dasselbe wie die Pharisäer, obwohl Jesus ihnen gesagt hat, dass das die falsche Frage sei.

---

[47] Theologische Tagung BewegungPlus, November 2004, Gunten

b) Sie fragen „wo?“ und nicht „wann?“ oder „wie?“ – dies hängt wohl damit zusammen, dass die Reich-Gottes-Erwartungen immer auch sehr nationalistisch waren.

2. Voraussetzungen und Grundannahmen im Dispensationalismus

Im folgenden wird versucht aufzuzeigen, auf welchen Voraussetzungen aufzuzeigen der Dispensationalismus mit seiner Lehre von der Grossen Trübsal, der Entrückung und dem Tausendjährigen Reich, aufbaut. Dann werden wir noch besonders auf die Endzeitreihe „Das Finale“ von Tim LaHaye eingehen. Danach versuche ich anhand von Beispielen in der Offenbarung Alternativen in der Auslegung aufzuzeigen, die beim historischen Kontext einsetzen. Am Ende dann „das Finale“: Eckpfeiler eines theologischen Rahmens, der eschatologische und apokalyptische Texte miteinander verbindet, es uns aber doch ermöglicht, sie eigenständig zu lesen, ohne sie in ein vorgegebenes System zu pressen. Oder anders gefragt: Wie können eschatologische Texte heute noch relevant sein, selbst dann, wenn wir bei der Auslegung historisch ansetzen?

2.1 Von Darby zum Bibelpanorama

Ganze Generationen von Christen sind mit dem „Bibelpanorama“ gross geworden. Es baut auf dem Dispensationalismus auf, der davon ausgeht, dass die Weltgeschichte in sieben Dispensationen oder Haushaltungen aufgeteilt wird. Dispensationen sind Zeitspannen, in denen Gottes Heil in einer je ganz bestimmten Art „verwaltet“ wurde. Gott hat sozusagen verschiedene Heilswege gehabt, die alle scheiterten und dann ihre Erfüllung in Jesus Christus fanden.

Der Dispensationalismus geht in seiner heutigen Form auf Darby und Scofield zurück, die von sieben Dispensationen ausgehen:

1. Die Zeit der Unschuld endete mit der Katastrophe des Sündenfalls.
2. Die Zeit des Gewissens (als Gott den Menschen durch das Gewissen ansprach) endete mit der Flut.
3. Die Zeit der Herrschaft, als noch einmal die ganze Menschheit einen Auftrag von Gott erhielt und dann versagte, endete mit dem Turmbau.
4. Das Zeitalter der Verheissung dauerte von Abraham bis Mose und ging ohne Katastrophe zu Ende.
5. Das Zeitalter des Gesetzes dauerte vom Sinai bis Jesus und endete mit der grössten Katastrophe – der Kreuzigung Jesu.
6. Nun folgt das Zeitalter der Gnade, also auch das Zeitalter der Gemeinde, denn weder Gewissen noch menschliche Herrschaft noch das Gesetz konnten die Erlösung bringen.

Dieses Zeitalter kann aber für die Erlösten nicht mit einer Katastrophe enden, deshalb werden sie vorher entrückt.

7. Als Letztes kommt das Zeitalter des Tausendjährigen Reichs, wobei hier „Jesu Entrückung" in Offb. 12,5 in diese Zeit verlagert und nicht als dessen Himmelfahrt verstanden wird. Nun ist Satan gebunden, wird aber noch einmal freigelassen und verführt die Nationen. Somit wird auch die sichtbare Gegenwart Jesu nicht genügen, um die Menschen zu verändern. Deshalb müssen die Welt und Satan zuerst untergehen, bevor dann ein neuer Himmel und eine neue Erde entstehen.

Das System ist bestechend einfach und durch eine sehr wörtliche Interpretation apokalyptischer Bilder und Texte gekennzeichnet. Dies ist auch schon sein Hauptproblem. Sehr willkürlich werden Erzählungen, apokalyptische Texte und andere Gattungen miteinander vermischt, in eine Form gepresst und zu einem System verarbeitet, ganz unabhängig von der jeweiligen literarischen Gattung, dem Kontext oder der jeweiligen historischen Situation aus der heraus die Schriften entstanden sind. Auch die Frage, was die Texte den ersten Lesern zu sagen hatten, wird nicht beachtet. Dazu ist die Aufteilung dieser sieben Dispensationen völlig willkürlich, wenngleich das Schema von Verheissung und Erfüllung ein recht klares ist. So gilt für den Dispensationalismus: „Am Anfang war das Schema, und das Schema galt als göttlich, und das Schema erklärte alle Bibelstellen des Schemas." Die Bibelstellen werden auf dem Hintergrund des Systems gelesen, um das System zu beweisen, das ist wie eine Katze, die sich in den Schwanz beisst. Ganz zu schweigen davon, dass es bis heute eines der Hauptanliegen des Dispensationalismus ist zu untermauern, dass die Geistesgaben mit der Entstehung des neutestamentlichen Kanons aufgehört haben („das Vollkommene" in 1. Kor. 13). Also ein System, das einer pfingstlich charismatischen Bewegung zutiefst fremd sein müsste.

2.2 Tim LaHaye und das Finale

Die Tim-LaHaye-Reihe besticht wie der Dispensationalismus durch einen sehr wörtlichen Umgang mit apokalyptischen Texten und vernachlässigt ebenfalls den jeweiligen literarischen und historischen Kontext.

In diesen Büchern entsteht ein gefährlicher Mix aus wörtlicher Auslegung apokalyptischer Bilder mit Hinzugedichtetem. Fiktion, Bibeltext und Auslegung laufen nahtlos ineinander, so dass die Leser die ihnen gebotene Auslegung schnell einmal als „so ist es" annehmen. Die Art und Weise, wie Bibelverse zitiert werden, lässt auch kaum einen anderen Schluss zu: Beispielsweise wird das

Zeichen des Tieres, untermalt mit dem entsprechenden Bibelvers, dann nahtlos als Bio-Chip interpretiert und wer den hat, kann nicht mehr gerettet werden, ist also für immer verloren. Oder zur Auslegung der 144'000 kommt hinzu, dass diese kein Wort der Ungläubigen verstehen können, jedoch alle Gläubigen aller Nationen und aller Sprachen verstehen. Zudem wird die Guillotine wieder eingeführt und am Ende bezwingt Jesus den Antichristen mit einem King-James-Bibelzitat. Was entsteht ist ein schauriger Mix von Bibelversen, angewandt in einem vorgegebenen System und durchsetzt mit Fiktion. Dieser Mix wird dann als «biblisch» verkauft – und immerhin brachte er beiden Autoren je 10 Mio. US$ ein. Für die nächsten Bücher wurden gar 78 Mio. US$ in Aussicht gestellt.

Geht man noch weiter und fragt nach dem Weltbild, das hinter diesen Romanen steht, wird es noch einmal düsterer. Es ist weniger die Sehnsucht nach dem Reich Gottes und seiner Gerechtigkeit, sondern die Bücher propagieren eine eindeutige Haltung:

- Anti-UNO-Haltung
- Antipazifismus
- Antiinternationalismus (also proamerikanisch)
- Antikatholizismus
- Antiökumenische Haltung
- Pro Verschwörungstheorie

Tim LaHaye macht auch keinen Hehl daraus und schrieb vor den Wahlen im Jahre 2000 auf seiner Web Page: *„Dieses Land wird keine weitere unverantwortliche Regierung überleben, welche die Geheimnisse unserer Raketen an das kommunistische China und unseren anderen Todfeind (!) weitergibt, sodass, wenn Russland unmittelbar vor der grossen Trübsal nach Israel vordringen wird, die USA nicht mehr in der Lage sein werden, mehr als eine diplomatische Intervention zu machen."* So viel zu Jesus als dem Friedensfürst. Als wenn dem nicht genug wäre: *„Ich bin davon überzeugt, dass die Gemeinde die einzige Organisation ist, welche noch bestimmen kann, ob wir bereits vor oder erst nach der Entrückung zu einem sozialistischen Staat werden oder nicht. Wir wissen, dass wir es nach der Entrückung sein werden. Ob wir jedoch zu einem weiteren sozialistischen Staat vor der Entrückung werden, hängt ganz von den Hirten und Pastoren der Nation ab."* [48]

[48] www.timlahaye.com/about_ministry/pdf/aug.tim.pdf (August 1999).

Wer meint Tim LaHaye sei allein mit seinen politischen und vor allem militärischen Überzeugungen, täuscht sich. Marius Baer schrieb in seinem Buch „Das Abendland am Scheideweg“: „*Dieses Buch liefert überzeugende Beweise, dass das Friedensabkommen Israels die vielleicht zerstörerischste und gewalttätigste Ära in der Geschichte der Menschheit einläutet und damit das lange erwartete messianische Zeitalter vorbereitet.*“ So ganz nach dem Motto: Freuen wir uns über den Krieg, damit der Friedensfürst kommt!

2.3 Zusammenfassung

Im Dispensationalismus wird die Bibel in einem willkürlichen Schema in sieben Epochen aufgeteilt. Die Beweisstellen für das Schema werden allerdings bereits im Licht des Systems interpretiert. Wen wundert's, dass das System so als schlüssig erscheint. Zudem ist der Umgang mit dem Text sehr wörtlich, es werden Texte ganz unterschiedlicher Art und Zeit einfach zu einem Einheitsbrei verrührt und zu guter Letzt steht hinter all dem eine Theologie der Angst statt eine Theologie der Hoffnung. Die Ängste wiederum widerspiegeln die typischen Schreckgespenster einer westlichen Wohlstandsgesellschaft.

3. Beispiele eines historischen Ansatzes zur Deutung der Offenbarung

Was aber, wenn man die Bibeltexte als Erstes daraufhin befragt, was sie ihren ersten Lesern zu sagen hatten? Und welches Weltbild steht hinter diesen Texten? Vergleicht man es z.B. mit dem von Tim LaHaye, könnte es kaum unterschiedlicher sein.

Einige Beispiele aus der Offenbarung sollen kurz zeigen, dass ein historischer Ansatz in der Auslegung, verknüpft mit der Frage nach der Relevanz für heute, für unsere Theologie und unser Weltbild sehr zentral sein könnte. Gleiches gilt für die Auslegung der Rede Jesu auf dem Ölberg. Wenn wir diese Rede auf die Zerstörung des Tempels im Jahre 70 n. Chr. hin lesen, ergibt sich ein ganz anderes Bild, als wenn wir sie in den Fahrplan hineinpressen. Doch nun einige Anregungen, wie man die Offenbarung auch angehen kann:

- Johannes möchte seine Leser befähigen, das Hier und Jetzt im Lichte der Vision dessen zu sehen, „der da war, der da ist, und der da kommen wird“. Ihm geht es nicht darum, das Hier und Jetzt dahinten zu lassen („zurückgelassen“, wie La Haye's Buchreihe in Englisch heisst), so als Flucht in den Himmel. Ihm geht es darum, das Hier und Jetzt im Licht der Vision des transzendenten Gottes wahrzunehmen. Diese Vision Gottes, der auf dem Thron sitzt und regiert, eröffnet und bestimmt das ganze Buch und soll seinen Lesern eine neue Weltwahrnehmung ermöglichen – und sie daher auch befähigen, das Hier und Jetzt neu zu ordnen. Dieser Vorgang ist vergleichbar mit der Vision des Jesaja ab Kap. 40, die den Israeliten im Exil ebenfalls eine ganz neue Wahrnehmung ihrer Situation ermöglichte und ihnen dadurch half, im Exil als Volk Gottes zu leben und den Blick für Gott als den Herrn der Welt nie zu verlieren. Deshalb überrascht es auch nicht, dass viele Bilder in der Offenbarung aus dem hinteren Teil des Buches Jesaja stammen, denn so wie damals erlebte auch die frühe Gemeinde Gott nicht als den, der auf dem Thron sitzt und regiert.

- Die Offenbarung ist in enger Anlehnung an den ersten Teil des Vaterunsers aufgebaut: *„Geheiligt werde dein Name, dein Reich komme, dein Wille geschehe wie im Himmel so auch auf Erden."* Deshalb beginnt die Offenbarung mit einer Vision vom himmlischen Thronsaal, wo Gottes Name geheiligt wird und sein Wille geschieht. So wie sein Wille bereits im Himmel geschieht, so wird er aber auch auf Erden geschehen. Zwar gibt es hier auf Erden noch allerhand Pseudomächte, die absolute Macht für sich beanspruchen, aber sie werden vergehen, und Gottes Reich wird kommen – sein Wille wird auch auf Erden geschehen. Somit geht es der Offenbarung in radikalster Art und Weise um das Leben und das Reich Gottes auf dieser Erde und nicht um eine Reihenfolge und einen Ablauf von Ereignissen bis zur Stunde X. Mit dieser Vision des Reich Gottes hier auf Erden übt die Offenbarung natürlich scharfe Kritik am Machtgehabe Roms, das mit seinen Ansprüchen auf weltliche Vorherrschaft in direkter Konfrontation zu Gott und seinem Herrschaftsanspruch steht.
- Das bringt uns zu einem weiteren Bild der Offenbarung: Das Biest und die Hure Babylon. Während das Biest für die militärische Macht Roms steht, ist die Hure Babylon Symbol für Roms wirtschaftliche Macht und Ausnutzung der Unterdrückten. Wer immer das Biest oder die Hure anbetet ist jemand, der menschliche Macht in ihrer militärischen oder wirtschaftlichen Form als absolut sieht und deshalb vergöttlicht. Doch wer immer bekennt, dass Gott Herr ist, wird stets menschlichen Machtansprüchen gegenüber kritisch sein.
- Die Bilder vom Gericht über das Biest und die Hure Babylon wiederum greifen viele der konkreten Ängste der damaligen Zeit auf: Die Gefahr aus dem Osten (Off. 9,13-19; 16,12) widerspiegelt die Angst Roms vor einer Invasion der Parther im 1. Jh. Andere Gefahren wie der ökonomische Kollaps reflektieren Ängste allgemeiner Art, während Erdbeben usw. konkrete Ängste besonders im kleinasiatischen Raum widerspiegeln.

Diese wenigen Anregungen sollen helfen zu ahnen, dass es noch andere Zugänge zur Offenbarung und ähnlichen Bibeltexten gibt, als diese von einem vorgegebenen System her miteinander zu vermischen und deren Bilder zu vergewaltigen. Auch fällt auf, dass das eigene Weltbild entscheidend für den Umgang mit solchen Texten ist. Während LayHaye's Bücher ein konkretes Feindbild des Sozialismus portieren (der „Todfeind“ wie er selber sagt) und dadurch in einer kapitalistischen Gesellschaft primär Ängste vor diesem politischen System schüren, besteht für Johannes die weitaus grössere Gefahr in der Überheblichkeit menschlicher Machtansprüche, die auf militärischer und wirtschaftlicher Vormachtstellung aufbauen. Was für Bilder würde Johannes wohl benutzen, um unsere Wirtschaftsbosse und Mächtigen zu beschreiben?

4. Theologische Eckpfeiler, die apokalyptische Texte miteinanderverbinden

Eschatologische Texte wie Jes. 11, 32, 40,1-11; Hes. 36 + 37; Joel 3,1-5 oder Markus 13, aber auch apokalyptische Bücher wie Daniel und die Offenbarung des Johannes entstanden in ganz unterschiedlichen Situationen und als Antwort auf unterschiedliche Fragen. Und doch gibt es bei all der Unterschiedlichkeit auch einige gemeinsame Merkmale, die diese Texte verbinden:

4.1. Konflikt zwischen dem Vorletzten und dem Letzten

Eschatologische und ganz besonders auch apokalyptische Texte entstanden in Konfliktsituationen, wo es darum ging zu definieren, was das Letzte und was nur das Vorletzte ist. So wissen z.B. eschatologische Gerichtstexte um den bevorstehenden Tod des Gottesvolkes, um das Gericht Gottes über all der Unterdrückung und Ungerechtigkeit durch die Mächtigen, trotz aller Hurrarufe genau dieser Mächtigen oder ihrer so genannten Heilspropheten, welche die gegenwärtige Zeit als absolut und daher als zum Letzten gehörend anpriesen. Eschatologische Heilstexte wiederum aber leben in Zeiten der Krise und des Untergangs von der Hoffnung auf die Neuheit des Lebens nach Tod und Gericht.

Dieser Konflikt um das Letzte und Vorletzte wird auch deutlich, wenn man den eschatologischen Texten das jeweils allgemeine Bewusstsein des Volkes gegenüberstellt. Zuerst weigert man sich, dem Ende und dem Gericht in die Augen zu schauen – man kann es sich gar nicht vorstellen und erklärt die Gegenwart zum Letzten – und dann, wenn es über einen hereinbricht, kann man sich kein neues Leben nach dem Tod vorstellen. Dann werden Untergang und Tod als Letztes definiert. Von beiden jedoch, dem Ende der Gegenwart und der Neuheit des Lebens, wissen die eschatologischen Texte, dass sie möglich sind. Also geht es immer um die Frage: Was ist das Letzte, was nur das Vorletzte? Sehr deutlich ist diesbezüglich Jesu Rede auf dem Ölberg: Während für das damalige Judentum der Tempel zum Letzten gehörte, als Garant der Gegenwart und Vergebung Gottes und der besonderen Stellung des Judentums in der Welt, definierte Jesus das Letzte neu. Der Tempel ist nur Vorletztes, er wird zerstört und fällt wie alles Vorletzte dem Gericht anheim, während Jesus zur neuen Gegenwart Gottes auf Erden wird und die Jünger das wahre Gottesvolk sind.

Ebenso deutlich ist das auch bei apokalyptischen Büchern wie Daniel und Offenbarung ersichtlich. Hier, mehr als sonstwo, sind Letztes und Vorletztes auf Kollisionskurs oder noch deutlicher ausgedrückt: Menschliche Machtansprüche scheinen Gottes Herrschaft und Reich zu verschlingen. Bei Daniel sind es das Babylonische und das Griechische Reich, welche das Volk Gottes zu vernichten drohen, bei Johannes das Römische Reich.

Weil das Letzte aber in der Gegenwart nur verschwommen oder kaum wahrzunehmen ist wird es „offenbart", damit das Volk Gottes die vorletzten Dinge richtig einordnen und daher eschatologisch in der vorletzten Welt leben kann. Eschatologische und apokalyptische Texte schauen also nicht einfach von der Gegenwart in die Zukunft, sondern die Vision des Letzten wird bestimmend für das Leben im Vorletzten, ja man kann direkt sagen: Eschatologische und apokalyptische Texte deuten vom Ende her die Gegenwart und geben einer als Bedrohung empfundenen Gegenwart dadurch Bedeutung. So ist der Blick dieser Texte nicht einer von der Gegenwart in die Zukunft, sondern sozusagen von der Zukunft her wird die Gegenwart beleuchtet und neu gewertet. Deshalb müssen wir in unserer Auslegung immer beim historischen Kontext ansetzen, denn dieser wird durch den Text gedeutet. Gleichzeitig wissen wir, dass diese Texte über ihre Zeit hinaus sprechen, denn das Letzte bleibt sich immer gleich und will auch unsere Gegenwart bestimmen: *„Dein Name werde geheiligt, und dein Wille geschehe wie im Himmel so auf (unserer) Erde."* Allerdings weisen dann diese Texte nicht in einer «vorhersagenden» Art und Weise über ihre ursprüngliche Situation hinaus, sondern in einer richtungsweisenden Art. Sie helfen uns immer, da die Dinge wieder richtig zu ordnen und richtig zu leben, wo Letztes und Vorletztes bei uns miteinander verwechselt werden. Sie lassen die Vision vom Letzten in ihrer Klarheit erscheinen, damit wir in unserem Umfeld nicht vom Vorletzten getäuscht oder geblendet werden. Mehr noch, die Offenbarung, wie auch alle anderen apokalyptischen Texte, sagt uns somit immer wieder, wie sich unsere gegenwärtige Situation verändern muss und wird, wenn Gottes Reich kommt. Sie hilft uns dadurch eschatologisch, vom Letzten her, im Vorletzten zu leben.

Mit der ganzen Frage nach dem Letzten und dem Vorletzten verbunden ist auch das zentrale Thema der Anbetung in apokalyptischen Texten. Anbetung hat in diesen Texten nichts mit einer andächtigen Handlung im Privaten oder im Gottesdienst zu tun. Anbetung ist zutiefst öffentlich und die Quelle allen Widerstandes gegenüber den Machtgötzen der Öffentlichkeit: Christus ist der Herr! – und nicht Rom, Macht, Erfolg, wirtschaftlicher Aufschwung oder was auch immer.

Bücher wie die Offenbarung bewahren die Gemeinde in ihrer Ausrichtung auf Gottes Welt und Gottes Zukunft für diese Welt, sie bewahren sie buchstäblich vor dem Götzendienst.

Was aber ist das Letzte? Diese Frage führt zum zweiten verbindenden Merkmal dieser Texte:

4.2. Vision der Heiligkeit und Sehnsucht nach dem Reich Gottes

Eschatologische und apokalyptische Texte sind in der Tat visionäre Texte. Sie sind beseelt von einer Vision der Heiligkeit und Gerechtigkeit Gottes, und sie sind durchdrungen von einer Sehnsucht nach dem Offenbarwerden dieser Heiligkeit hier auf Erden. Deshalb sieht Jesaja in seiner Vision den Herrn hoch und erhaben auf dem Thron sitzen – im Jahr als der König starb. Deshalb beginnt das Buch Hesekiel, geschrieben von einem Propheten in der Verbannung, mit einer Vision der Herrlichkeit Gottes, deshalb ist das Buch Daniel durchdrungen von Geschichten und Visionen, in denen immer eines klar wird: Gott ist der Herr der Welt und der Geschichte, und nicht etwa der König von Babylon oder Persien. Deshalb beginnt die Offenbarung mit einer Vision Gottes, der auf dem Thron sitzt und herrscht und deshalb fordert Jahwe im hinteren Teil des Buches Jesaja die Götter Babylons immer wieder auf, ihre Macht zu erweisen während sie vor ihm in seinem Thronsaal erscheinen. Deshalb endet die Offenbarung mit der Vision der Gegenwart Gottes auf dieser Welt, diese Gegenwart, die dann als das Letzte die Welt neu ordnet: *„Er wird alle ihre Tränen abwischen. Es wird keinen Tod mehr geben und keine Traurigkeit, keine Klage und keine Quälerei mehr. Was einmal war, ist für immer vorbei"* (Offb. 21,4*).*

Eschatologische und apokalyptische Texte leben von dieser Vision der Heiligkeit und Gerechtigkeit Gottes, die zum bestimmenden Faktor in dieser Welt wird. Das ist weder spekulative Zukunftsdeutung noch Zukunftsvorhersage, sondern Ausdruck einer tiefen Sehnsucht und Hoffnung. Das Ende muss nicht mehr gedeutet werden, darüber gibt es nichts zu spekulieren: Es ist die Gegenwart der Heiligkeit Gottes als ordnende Kraft für das Leben dieser Welt. Deshalb wird der Löwe beim Lamm wohnen, deshalb werden Schwerter zu Pflugscharen, Unterdrückte nicht mehr missbraucht und Friede wird herrschen. Über dieses Ende gibt es nichts zu spekulieren, es steht fest und will schon jetzt im Vorletzten zum bestimmenden Faktor werden. Diese Visionen sind wichtig, denn nur sie befähigen das Gottesvolk, das Vorletzte richtig einzuordnen und eschatologisch, vom Ende her, zu leben. Alle Fahrpläne zur Endzeit leben an dieser Vision vorbei. Sie leben nicht mehr von der Sehnsucht nach der Heiligkeit und Barmherzigkeit Gottes hier auf Erden, sondern von den Spekulationen der Menschen.

4.3. Hoffnung trotz Notlage

Als Letztes verbindet all diese Texte eine Botschaft der Hoffnung. Durch alle Krisen, durch alles Gericht hindurch wird Gott sein Ziel erreichen und alle menschlichen Machtansprüche werden an seiner Heiligkeit, an seiner Barmherzigkeit und Gegenwart scheitern:

> *Gott hat Grosses an mir getan, er, der mächtig und heilig ist. Sein Erbarmen hört niemals auf; er schenkt es allen, die ihn ehren, von einer Generation zur andern. Jetzt hebt er seinen gewaltigen Arm und fegt die Stolzen weg samt ihren Plänen. Jetzt stürzt er die Mächtigen vom Thron und richtet die Unterdrückten auf. Den Hungernden gibt er reichlich zu essen und schickt die Reichen mit leeren Händen fort. Er hat an seinen Diener Israel gedacht und sich über sein Volk erbarmt. Wie er es unseren Vorfahren versprochen hatte, Abraham und seinen Nachkommen für alle Zeiten.* (Lk. 1,49b-55)

Und diese Gewissheit, dass an der Heiligkeit und Barmherzigkeit Gottes alle menschlichen Herrschaftsansprüche scheitern werden, mündet in den hoffnungsvollen Jubel ein:

> *Freut euch und jubelt ohne Ende über das, was ich nun schaffe! Ich mache Jerusalem zur Stadt der Freude und seine Bewohner erfülle ich mit Glück. Ich selbst will an Jerusalem wieder Freude haben und über mein Volk glücklich sein. Niemand wird mehr weinen und klagen. Es gibt keine Kinder mehr, die nur ein paar Tage leben, und niemand, der erwachsen ist, wird mitten aus dem Leben gerissen. Wenn jemand mit hundert Jahren stirbt, wird man sagen: Er war noch so jung! Selbst der Schwächste und Gebrechlichste wird ein so hohes Alter erreichen. Sie werden sich Häuser bauen und auch darin wohnen können. Sie werden Weinberge pflanzen und selbst den Ertrag geniessen. Sie sollen nicht bauen und pflanzen und sich lebenslang mühen, nur damit andere den Gewinn davon haben. Alt wie Bäume sollen sie werden, die Menschen in meinem Volk, und den Lohn ihrer Arbeit selbst geniessen! Sie werden sich nicht vergeblich abmühen. Die Frauen gebären ihre Kinder nicht länger für eine Zukunft voller Schrecken. Sie sind mein Volk, ich segne sie; darum werden sie mit ihren Kindern leben. Noch ehe sie zu mir um Hilfe rufen, habe ich ihnen schon geholfen. Bevor sie ihre Bitte ausgesprochen haben, habe ich sie schon erfüllt. Wolf und Lamm werden dann gemeinsam weiden, der Löwe frisst Häcksel wie das Rind, und die Schlange nährt sich vom Staub der Erde. Auf dem Zion, meinem heiligen Berg, wird keiner mehr Böses tun und Unheil stiften. Ich, der Herr, sage es. (Jes. 65, 19-25)*

So sind diese Texte weit davon entfernt Angst zu machen, sondern sie sind dazu da, um Hoffnung zu wecken und Trost zu geben (1. Thess. 4,18). Beängstigend sind sie höchstens für Leute, die am Vorletzten als dem Letzten festhalten wollen, aber selbst da haben sie mit einer Angstmacherei à la „Das Finale“ recht wenig gemeinsam.

5. Zusammenfassung

Eschatologisch leben und predigen heisst immer vom Ende her leben und predigen. Deshalb gibt es kaum eine wichtigere Aufgabe als immer neu das Ende vor Augen zu haben und sich zu fragen: Wie kann die Vision von der uneingeschränkten Gegenwart Gottes hier auf Erden, also von der Zeit, in der Gerechtigkeit, Barmherzigkeit und Friede regieren werden, jetzt schon Gestalt in meinem Leben und im Leben unserer Gemeinde annehmen? Denn sein Wille soll auf Erden geschehen, wie er im Himmel geschieht.

Man kann nicht anders, als die Gedanken zu apokalyptischen Texten mit zwei wahrhaft visionären Texten abzuschliessen:

> *Die Soldatenstiefel, deren dröhnenden Marschtritt sie noch im Ohr haben, und die blutbefleckten Soldatenmäntel werden ins Feuer geworfen und verbrannt. Denn ein Kind ist geboren, der künftige König ist uns geschenkt! Und das sind die Ehrennamen, die ihm gegeben werden: umsichtiger Herrscher, mächtiger Held, ewiger Vater, Friedensfürst. Seine Macht wird weit reichen, und dauerhafter Frieden wird einkehren. Er wird auf dem Thron Davids regieren, und seine Herrschaft wird für immer Bestand haben, weil er sich an die Rechtsordnungen Gottes hält. Der Herr, der Herrscher der Welt, hat es so beschlossen und wird es tun.* (Jes. 9,4-6)
>
> *Er weist mächtige Völker zurecht und schlichtet ihren Streit, bis hin in die fernsten Länder. Dann schmieden sie aus ihren Schwertern Pflugscharen und aus ihren Speerspitzen Winzermesser. Kein Volk wird mehr das andere angreifen, und niemand lernt mehr das Kriegshandwerk. Jeder wird in Frieden bei seinen Feigenbäumen und Weinstöcken wohnen, niemand braucht sich mehr zu fürchten. Der Herr, der Herrscher der Welt, hat es gesagt.* (Micha 4,3-4)

Propheten und Prophetie im Wandel der Zeit[49]

1. Einleitung

Einleitende Fragen

- Wenn ich an Propheten ausserhalb der Bibel denke, an wen denke ich, welche Personen kommen mir in den Sinn?
- Weshalb denke ich an diese Menschen und was kennzeichnet sie?

Der Titel dieses Vortrags scheint zum implizieren, dass es nicht zu allen Zeiten ein einheitliches Erscheinungsbild von Propheten und Prophetie gegeben hat. Dieser Eindruck bestätigt sich schon durch einen ersten Blick auf die prophetischen Bücher des Alten Testaments: Der Prophet Habakuk spricht gar nie zum Volk, sondern argumentiert nur mit Gott, Jona ist primär eine Geschichte über einen Propheten, während wir bei Jeremia das finden, was wir wohl von einem klassischen Propheten erwarten: Proklamation des Wortes Gottes an das Volk.

Diesen Entwicklungen innerhalb des Alten und Neuen Testaments wollen wir nachspüren mit dem Ziel, zu erkennen: Es gab und gibt nie *die eine und alleinige* Erscheinungsform prophetischer Manifestation. Zudem spreche ich bewusst von prophetischer Manifestation und nicht nur von prophetischer Rede, denn Prophetie bediente sich nie nur der Sprache, sondern kannte immer auch andere Ausdrucksformen. Dies soll uns davor bewahren, zu schnell und zu einseitig prophetische Manifestationen der Gegenwart abzulehnen, nur weil sie in einem neuen Kleid daher kommen. Es könnte nämlich sehr wohl sein, dass das Erscheinungsbild, oder eben das Kleid, gar nicht so neu ist, sondern einfach nicht genau unseren Vorstellungen von Prophetie entspricht und wir diese oder jene prophetische Ausdrucksform in der Bibel bisher kaum als solche wahrgenommen haben.

Im Folgenden wird zuerst auf die „prophetische Tradition“ der Evangelischen Täufer Gemeinden (ETG) eingegangen, bevor im Hauptteil die Entwicklung der prophetischen Tradition, sowie ihre unterschiedlichen Ausdrucksformen, ihr Selbstverständnis und ihr grundlegendes Anliegen dargestellt werden.

[49] Vortrag gehalten an der ETG Predigerkonferenz, 30. Oktober 2004

2. Die prophetische Tradition des ETG

Meine ersten Erfahrungen mit prophetischer Rede gehen ganz auf die Anfänge meines Christenlebens zurück und diese Anfänge wiederum erlebte ich beim ETG in der Au und im Neuhof. Nie werde ich vergessen, wie ich als Elfjähriger sonntags im Gottesdienst sass und den „Lehrbrüdern" zuhörte, wie sie untereinander ausmachten, wer predigen soll. Aber nie hörte ich das Wort „predigen". Nie wurde gefragt: „Predigst du, oder soll ich?" Die Formulierung lautete anders: „Ist es dir heute gegeben?" Und dann die Antwort wie z.B.: „Nein, mir ist es heute nicht gegeben." Als Elfjähriger ahnte ich noch nicht, was hinter diesen Worten steckte, ja zuerst wusste ich nicht einmal, weshalb und worüber gesprochen wurde. Heute weiss ich, dass dies meine ersten Begegnungen mit prophetischer Rede war, denn hinter dieser Formulierung steckte ja nichts anderes als das Bewusstsein, dass wir Menschen uns Gottes Wort nicht selber geben können und dass jede Verkündigung immer von Gott ausgeht und somit im Spannungsfeld zwischen Gottes Wort und Menschenwort geschieht. Deshalb kam es früher im ETG auch zu Diskussionen rund um die Predigtvorbereitung und um Predigtnotizen. Hinter dieser Diskussion lag nichts anderes als die Frage: Unterläuft die Vorbereitung nicht den inspirativen, prophetischen Charakter der Verkündigung? Hört die Predigt, wenn sie vorbereitet ist, nicht auf prophetisch oder unmittelbar zu sein?

So halten wir fest: Die Frage nach der prophetischen Dimension der Predigt ist für das ETG keine neue, sondern eine ganz alte, ja man könnte gar sagen eine Kernfrage, denn das prophetische, der unmittelbare Moment im Umgang mit Gottes Wort gehörte seit je her zu den Merkmalen der Täuferbewegung.

Aber ebenso müssen wir festhalten, dass wir die Formulierung „Ist es dir heute gegeben?" so in der Bibel nicht finden. Ich kenne keine Geschichte, wo das Volk zusammen sass und eine Anzahl von Propheten darüber diskutierte, „wem es nun gegeben sei". Schon eher kam es im Alten Testament vor, dass alle an einem Ort anwesenden Propheten zusammen loslegten oder dass einer voller Innbrunst aufstand und das Wort des Herrn sprach.

Daraus können wir schliessen, dass das ETG einerseits ein starkes Bewusstsein des inspirativen, prophetischen Charakters der Verkündigung hatte und zugleich eine „neue" Sprache schuf und verwendete, um dieses Bewusstsein auszudrücken. So kennzeichnet auch das ETG sowohl eine Kontinuität wie auch eine Diskontinuität mit den prophetischen Manifestationen innerhalb der Bibel.

3. Entwicklungen und Ausdrucksformen innerhalb der prophetischen Tradition Israels im Alten Testament

3.1 Entwicklungen

Die Definition eines Propheten war nicht zu allen Zeiten in Israels Geschichte dieselbe. In den Anfängen nannte man die Propheten auch „Seher" und ihr Dienst kam zuweilen dem der Hellseher nahe (Samuel und Sauls Eselinnen). Die Geschichte von Saul und Samuel weckt zudem den Eindruck, dass man sich an sie wandte, um persönlichen Rat zu holen. Der Prophet also als Seher und persönlicher Ratgeber (persönliche Orakel?).

In der frühen Monarchie kam es dann zu einer Verlagerung, und wir lesen von Propheten wie Gad, Nathan oder Ahija, die vor allem Ratgeber des Königs waren. Von diesen Propheten haben wir keine schriftlichen Zeugnisse ausser den Berichten im Königsbuch. Ähnlich zu verstehen sind im Nordreich Elia und Elisa, die sich mit ihrer Botschaft vorwiegend an den König wandten, aber keine „Schriftpropheten" sind. Allerdings unterscheidet sich Elia und Elisas Rolle im Nordreich von derjenigen der „prophetischen Ratgeber" des Königs im Süden (wie Gad oder Nathan). Während Elia und Elisa sich wie ihre südlichen „Kollegen" vorwiegend an den König wandten, scheinen um diese beiden Propheten zudem ganze Prophetengruppen bestanden zu haben. Von Nathan oder Gad lesen wir jedoch nichts dergleichen. Zudem lesen wir von den Propheten im Südreich nichts über prophetische Zeichenhandlungen und Wunder, während das bei Elia und Elisa wichtige Bestandteile ihres prophetischen Auftretens waren. Diese Beobachtungen lassen vermuten, dass es zu keiner Zeit ein ganz einheitliches Prophetenbild in Israel gab. Was jedoch alle diese frühen Propheten der Monarchie gleichermassen kennzeichnet ist ihr Auftritt vor dem König, der immer mit einem Verbrechen des Monarchen oder einem Missstand auf Grund der Machtstellung des Königs zu tun hatte. Zudem erscheinen sie in unerbetener Weise und kündigen dem König die Folgen seines Tuns an. Wahrscheinlich war es die Absicht jener Propheten, das geschehene Unrecht ans Licht zu bringen und dem König die Folgen seiner Taten vorzuhalten. Ob sie davon ausgingen, dass die Folgen der Sünde (Gericht) abgewandt werden können, scheint fraglich. Vielleicht bestand ihr Ziel mehr darin, dem König zu helfen, die Folgen für seine Sünde als aus der Hand Jahwes anzunehmen. Also nicht Umkehr und dadurch Vermeidung des Gerichts, sondern Umkehr und Annahme des Gerichts, ganz ähnlich wie in 1. Samuel 24,18-15.[50] Das würde bedeuten, dass ein Aspekt des prophetischen (seelsorgerlichen?) Dienstes auch darin

[50] Siehe u. A. H.J. Boecker (Hrsg.), *Altes Testament* (Neukirchen-Vluy: Neukircher Verlag, 1996), S. 119-27.

bestehen kann, dem Volk Gottes zu helfen, das kommende Unheil als aus der Hand Gottes anzunehmen.

In der späteren Monarchie kam es noch einmal zu einem Wandel im Prophetenbild. Erst in dieser „letzten Phase" richteten sich die Propheten mit ihrer Botschaft direkt an das Volk. Wahrscheinlich kommt diese Veränderung im prophetischen Dienst daher, dass die Botschaft vom König nicht mehr gehört, vom Propheten aber als so dringlich erachtet wurde, dass er sich direkt an das Volk wandte. Damit verbunden kommen allerdings nun nicht mehr einzelne Verbrechen eines Königs zur Sprache, sondern das Scheitern von ganz Israel als Bundesvolk (Hörer und Angesprochene sind das Volk insgesamt). Diese Propheten werden oft als „Schriftpropheten" bezeichnet.

Diesen sogenannten Schriftpropheten gegenüber steht jenes prophetische Bewusstsein, das seinen Ausdruck im jüdischen Verständnis des alttestamentlichen Kanons findet. Während wir von den Büchern Josua, Richter, Samuel und Könige als von historischen Büchern sprechen, nennen die Juden diese Bücher „die frühen Propheten". Für die Juden sind dies nicht einfach Geschichtsbücher, sondern Gottes prophetisches Wort an sein Volk. Dies ist kein unbedeutender Unterschied, denn offensichtlich geht es in diesen Büchern um mehr als um Geschichtsschreibung. Man müsste schon eher sagen: Das Alte Testament kennt eine Form von prophetischer Geschichtsschreibung, die dem Volk helfen soll, seine Vergangenheit von Gottes Blickwinkel her zu verarbeiten, um so seine Gegenwart neu zu gestalten.

Mindestens so vielfältig wie die Erscheinungsformen sind nun die Ausdrucksformen, durch die eine prophetische Botschaft vermittelt wurde:

3.2 Ausdrucksformen prophetischer Botschaft

3.2.1 Poesie und Bildsprache[51]

Poesie und Bildsprache erlauben dem Propheten treffend, aber in Bildern über den tödlichen Zustand zu sprechen, in dem sich das Volk befindet (Jes. 1.2-3; 5,1-7, [ein Requiem für Israel?], Jer. 8.7) — oder von der Hoffnung, die sich gegen alle Hoffnungslosigkeit aufbäumt. In der Poesie kann er voller Leidenschaft sprechen und muss weder im zerstörerischen Zorn, noch in billiger Gnade oder Positivismus Zuflucht suchen.

---

[51] Grundlegend dazu: C. Westermann, *Grundformen prophetischer Rede* (München: Chr. Kaiser, 1971^{4}).

Prophetie ist jedoch immer mehr als Poesie, denn schon Hesekiel beklagte sich, dass seine Zeitgenossen ihn bloss als Poeten betrachten, aber nicht auf seine Botschaft hörten (Hes. 20.49; 21.5; 33.32).[52]

Prophetie bedient sich der Poesie, weil sie dadurch den Zugang zu Menschen findet und in Bildern und Gedichten von dem sprechen kann, was sonst beinahe unaussprechbar ist (z.B. Jes. 40.9-10; 52.7; 63.18-64.1). Das gleiche Phänomen ist heute noch bekannt. Ein totalitäres Regime fürchtet kaum etwas so sehr, wie seine Dichter und Denker. Das ist ja auch einer der Gründe, weshalb Jesus vorrangig in Gleichnissen zu den Leuten sprach.

3.2.2 Symbole

Symbole spielen ebenfalls eine wesentliche Rolle bei den Propheten. Einerseits verkündigten die Propheten ihre Botschaft nicht nur verbal, sondern sehr oft auch in symbolischen Handlungen: Jeremia, der im belagerten Jerusalem einen Acker im besetzten Land kaufen (Jer. 32.1-25) und einen Gürtel am Euphrat vergraben musste (Jer. 13.1-14) oder Hesekiel, der ein halbes Jahr nur auf einer Seite am Wegrand lag, im Sand eine "Burg" baute und so die Belagerung Israels darstellte (Hes. 4.1-16), seine Haare ins Feuer warf (Hes. 5.1-6) und noch ganz andere Dinge tat. Nicht zu sprechen von einem Jesaja, der halb nackt herumlaufen musste (Jes. 20.1-6) oder von Elia, der als Symbol des Gericht Gottes den Himmel verschloss, so dass es nicht mehr regnete.

Andererseits bedienten sich die Propheten in ihren Reden gewisser bekannten Symbole, die adäquat waren, um den Schrecken des kommenden Gerichts auszudrücken oder die Hoffnung inmitten der Resignation zu wecken. Der Prophet bediente sich der Symbole der Vergangenheit, reaktivierte sie und wandte sie neu an.[53] Der Exodus war das häufigste Symbol und diente sowohl als Warnung, was mit allen Möchtegernpharaonen geschehen wird, wie auch als Zeichen der Hoffnung dafür, dass Gott sein Volk sehr wohl befreien kann.

Ein weiteres Beispiel für solche Symbole sind die Anspielungen Jesajas auf die Götzenprozessionen, welche mit all ihrem Prunk und Pomp ein Symbol der Macht darstellten. Diese Prozessionen greift der Prophet nun aber mit umgekehrten Vorzeichen als Symbole auf, um die Macht Jahwes darzustellen (Jes. 46.1-4): Die Prozessionen (Triumphmärsche) werden neu

[52] Siehe A. J. Heschel, *The Prophets* (New York: Harper & Row, 1962), Bd. 2, S. 148-69.
[53] Siehe W. Brueggemann, *The Prophetic Imagination* (Fortress Press, 1978), S. 49-66.

interpretiert und im Vergleich mit dieser Machtdemonstration heidnischer Herrscher und Götzen wird die Allmacht Gottes noch deutlicher herausgestellt (Jes. 40.1-11).

3.2.3 Die Sprache der Trauer[54]

In ihrer ganzen Gerichtsankündigung ist prophetische Sprache aber auch eine Sprache der Trauer. Diese Sprache, diese Trauer, soll die Gemeinde in ein Klagen führen über eine Bestattung, die sie nicht wahrhaben wollen – ihre eigene. Bestimmt ist diese Dimension prophetischer Sprache am stärksten bei Jeremia zu finden.

4. Aspekte des prophetischen Selbstverständnisses im NT

Auch im Neuen Testament begegnet uns nicht einfach ein einheitliches Prophetenbild. Da ist einerseits Johannes der Täufer, der klassische Prophet mit seinem Ruf zur Busse, der als symbolische Handlung der Erneuerung seine Nachfolger taufte. So ist die Taufe bei Johannes sicher vorrangig als prophetische Symbolhandlung und Tempelkritik zu deuten. Dann Jesus, der laut Lukas 24,19 ein Prophet mächtig in Wort und Tat war. Auch bei Jesus sehen wir, dass der Prophet nicht nur Verkündiger, sondern auch Handelnder ist. Seine Botschaft wird auch durch seine Handlungen, bei Jesus seine Heilungen, seine Annahme der Sünder und Verstossenen, übermittelt. Zudem finden wir bei Johannes und bei Jesus auch das typisch alttestamentliche Motiv des Propheten als Kritiker der politischen Führungsmächte, und bei Jesus zusätzlich auch das Motiv des weinenden Propheten, der an sich selber das Gericht erleidet, das er verkündet (Lk. 19,41-44; 23,47).

Leicht anders ist das Prophetenbild in der Apostelgeschichte und in den Paulusbriefen. Dort erhält man eher den Eindruck, dass die Propheten innergemeindliche Aufgaben wahrnahmen, Wegweisung oder Ermahnung weitergaben, aber nicht gross nach Aussen traten, um wie Johannes die politischen Führungskräfte oder die unmoralische Gesellschaft anzuprangern. Allerdings scheint auch Paulus noch davon auszugehen, dass ein prophetisches Wort dazu dienen kann, einen Besucher zu überführen. Doch der Besucher muss sozusagen zum Propheten kommen, denn der Prophet geht nicht zu ihm.

Ganz am Ende des Neuen Testaments meldet sich dann noch einmal ein Prophet zu Wort, dessen Botschaft auch stark apokalyptischer Natur ist. Mittels Bilder und in unmissverständlicher Deutlichkeit wendet sich der Prophet dem Zustand im Gottesvolk, aber auch den grossen

[54] Sehr ausführlich in Brueggemann, *Imagination*, S. 51-61

weltpolitischen Themen zu und spricht vom Untergang des gottlosen und übermütigen Roms. Natürlich ist dicsc Botschaft primär für die Ohren der Gemeinde bestimmt, und Johannes wird sich kaum direkt an die römischen Behörden gewandt haben, aber der Inhalt seiner Botschaft geht wieder weit über die Gemeindegrenze hinaus. Wohl auch deshalb, weil sich die Gemeinde in einer tödlichen Auseinandersetzung mit dem übermütigen Staat befindet.

5. Viele Facetten, ein Ziel: Veränderung[55]

Propheten in der Bibel wandeln sich vom Seher zum Ratgeber und dann zum Schriftpropheten, oder zum „Ausleger der Geschichte". Prophetische Manifestationen finden von der Verkündigung über die symbolische Handlung bis hin zur prophetischen Geschichtsschreibung und Poesie statt. Im Laufe der Zeit umfasst das prophetische Selbstverständnis der Bibel all diese Facetten und kann daher nicht auf eine, die ureigene Ausdrucksform prophetischer Manifestation beschränkt werden. Zur Prophetie gehörte prophetisches Handeln, Dichten, Geschichte deuten und verkündigen, oft auch ein Erleiden der Botschaft, die man weiterzugeben hatte.

Für uns heute heisst das, dass es nicht immer hilfreich ist, von der Form her auf den „biblischen" Gehalt einer prophetischen Manifestation zu schliessen oder genau festlegen zu wollen, wie ein Prophet heute auszusehen habe und was er genau mache. Der Schreiber des Josuabuches war in einer anderen Art prophetisch als Habakuk, und dieser wiederum anders als z.B. Hesekiel.

Doch etwas verbindet beinahe alle Propheten und all die vielfältigen prophetischen Manifestationen: Sie verstanden ihre Botschaft, ob nun durch Wort, Tat oder Geschichtsschreibung nicht als eingleisige Proklamation und Information, sondern als einen Prozess, einen Dialog zwischen drei Partnern:

- Gott
- dem Propheten
- den Zuhörern

Ziel dieses angestrebten Dialogs war es, die Zuhörer in einen Prozess der Veränderung hineinzunehmen. Erst wo diese Veränderung stattfindet, ist der prophetische Prozess "erfolgreich" abgeschlossen.

---

[55] Vgl. M. Wenk, *Community Forming Power. The Socio-Ethical Role of The Spirit in Luke-Acts* (London: T & T Clark, 2000), S. 120-48, sowie die darin aufgeführte Literatur.

So gesehen ist das, was wir als Prophetie bezeichnen mit einem Initialfunken zu vergleichen, der einen Dialog zwischen Gott und seinem Volk einleiten soll. Die Prophetie als solches ist jedoch nicht das Ziel in sich selber, sondern nur immer Mittel und Einleitung zum Gespräch und zur Veränderung, z.B. in Form von Umkehr oder erneuter Hoffnung oder auch einer Neudefinition des Selbstverständnisses. Dabei fällt auf, dass der Prophet selber auch durch einen Veränderungsprozess geht.
Der prophetische Dienst des Täufers ist ein schönes Beispiel wie Prophetie als Dialog verstanden werden kann (Lk. 3,1-18):

- Geisterfüllung und Berufung des Propheten (Lk. 1,17)
- Verkündigung in Form der klassischen prophetischen Botschaft: Tut Busse
- Rückfrage des Volkes (3 Gruppen: das Volk allgemein, Zöllner und Soldaten)
- weiterführende Verkündigung auf Grund der jeweiligen Frage
- erneute Rückfrage des Volkes nach der Identität des Täufers
- neue Offenbarung und Botschaft: nach mir kommt einer, der ...

Erst das Gespräch zwischen dem Volk und dem Propheten führt zur Prophetie über den kommenden Messias und dessen Geist- und Feuertaufe.

Ein anderes Beispiel ist die Begegnung zwischen Petrus und Kornelius: Die vom Geist inspirierte Vision des Petrus will den Dialog zwischen Petrus, Gott und Cornelius in Gang setzen. Petrus erscheint im Haus des Heiden, ihm war klar, dass er kommen musste. Gott sprach, aber Petrus hat bis zu diesem Zeitpunkt die Tragweite der Prophetie und Vision nicht verstanden und fragt lakonisch: "Warum habt ihr mich rufen lassen?" Erst als Cornelius von seiner Erfahrung erzählt, fängt es Petrus an zu dämmern, und er beginnt zu predigen. Aber selbst dann noch war ihm mehr unklar als klar. Erst am Ende als der Geist auf Cornelius und sein ganzes Haus fiel, fügt Petrus hinzu: "Könnte man ihnen das Wasser verweigern...?" Mit dieser rhetorischen Frage deutet er an, dass es keinen Grund gibt, weshalb der Heide Cornelius und sein Haushalt nicht Teil der Gemeinde und Christen werden könnten? Diese Aussage setzt voraus, dass Petrus selbst während seiner eigenen Predigt noch nicht davon ausgegangen war, dass Cornelius als Heide Teil des erneuerten Gottesvolkes werden könne. Seine ursprüngliche Vision hat nicht alle Fragen geklärt, sondern im Gegenteil neue Fragen aufgeworfen, die sich erst klärten als sich alle Beteiligten in den durch die Prophetie angestrebten Prozess einliessen. Am Ende hat sich nicht nur der Heide dem Christentum zugewandt, sondern auch die Kirche den Heiden, wobei dieser Prozess der weitaus mühsamere war.

Fazit: Propheten und Prophetie haben im Laufe der Zeit unterschiedliche Ausdrucksformen angenommen. Was sie jedoch verbindet, ist ein Bewusstsein „um Gottes Anliegen“: Er will mit seinem Volk ins Gespräch kommen und dies durch einen Prozess der Veränderung führen. Prophetie will somit transformieren und nicht bloss informieren.

Prophetisch predigen[56]

1. Merkmale und Voraussetzungen für eine prophetische Predigt

1.1 Sie sehnen sich nach einer Welt, in der Gott regiert

Mit dem Exodus und dem Gesetz von Mose entstand in Israel eine Kontrastgesellschaft wie sie im alten Orient einmalig war. Nicht nur Israels politische Machtstruktur, sondern auch sein religiöses Leben unterschieden sich grundlegend von den Verhältnissen der Nachbarvölker: Der Monarch ist Teil des Gottesvolkes, das Land gehört Jahwe und nicht dem König, und die Israeliten sind untereinander alle Brüder. Das war ja immer wieder Anlass für Konflikte zwischen Elia/Elisa einerseits und dem König andererseits. Zudem weiss Israel seit dem Auszug aus Ägypten, dass sein Gott den Schrei der Unterdrückten hört und daher lässt der Prophet jenen Schrei immer wieder zu Wort kommen. Das passt einem König natürlich nie, der möchte lieber gerne ungestört regieren. Doch der Prophet erinnert ihn und das Volk daran, dass Gott schon einmal sein Volk befreite und die Herrscher der Welt entthronte.

Dieses Erinnern geschieht jedoch nie in einem romantisch nostalgischen Sinn à la „früher, als alles noch gut war", sondern immer nur, um daraus Hoffnung für die Gegenwart und Zukunft zu schöpfen: Gott ist für uns und hilft uns, so wie er uns schon einmal half. Diese Hilfe ist aber immer auch eine Bedrohung für alle Machtmenschen – und die gibt es nicht nur in Politik und Wirtschaft, sondern die tauchen zuweilen bereits in Familien oder kleineren Gruppen auf.

Die Erfahrung des Exodus hat Israel erfahren lassen, dass der Status Quo überwunden werden kann, dass Gott überraschenderweise eingreift, und deshalb hat Israel immer und immer wieder geträumt und gehofft, genau wie Martin Luther King, als er sagte "I have a dream".

Propheten sind somit beseelt von der Sehnsucht nach einer Welt, in der Gottes Gerechtigkeit und Barmherzigkeit regiert. Und weil sie sich nach einer solchen Welt sehnen, sind sie auch nie weltfremd, aber zuweilen kritisch — oder voller Hoffnung, trotz unmöglichen Situationen, denn auch die Gefangenschaft in Ägypten war eine unmögliche Situation und doch hat Gott eingegriffen und buchstäblich Welten neu gestaltet. Wenn also alle lamentieren, dann wissen die Propheten um das, was Gott schon einmal getan hat und das gibt ihnen Hoffnung für die gegenwärtige Situation – gegen alle Hoffnungslosigkeit. Das jedoch ist alles andere als billiger Trost, sondern immer risikoreich!

---

[56] ETG Predigerkonferenz, 30. Oktober 2004

Prophetisch wird also jene Person predigen, die beseelt ist von einer Sehnsucht nach dem Reich Gottes und welche die Schreie und Hoffnungslosigkeit der Leidenden in die Paläste der Bevorzugten trägt. Prophetisch predigen bedeutet somit immer mehr als einen Bibeltext auszulegen. Es bedeutet vom „Ende her", aus der „Nahsehnsucht" heraus zu predigen. Das ist immer mehr als eine erbauliche Lehrpredigt.

1.2 Liebe zu Gott und Liebe zum Volk

Propheten sind aber nicht nur gedrängt von der Liebe und Sehnsucht nach Gott. Ihre Liebe gehört genauso dem Volk. Als Jesaja das Gericht proklamieren musste, fragte er: „Wie lange?". Als Jeremia dauernd Gericht ansagen musste, weinte er. Der Prophet schreit nicht im Zorn umher oder kündigt voller Wut das kommende Gericht an, sondern in Trauer und aus Identifikation mit dem Volk spricht er aus, was die Gemeinde nicht realisiert oder nicht sagen will. Der Prophet weiss, wann der „Tod seiner Generation" vor der Tür steht, und er trauert darüber. Seine Trauer ist zweifach: Er trauert für das Volk, das er leidenschaftlich liebt, und er trauert, weil niemand ihm Gehör schenkt. Diese Trauer ist kein Selbstmitleid, es ist der Schmerz, den der Prophet zusammen mit Gott für sein Volk fühlt (Jer. 4.19-20). Diesen Schmerz drückt der Prophet öffentlich aus, für alle Zeitgenossen hörbar.

Er identifiziert sich so völlig mit dem Volk und erleidet das von ihm angekündigte Gericht immer auch mit. So war Jeremia war nicht einfach „weg und fein raus", als Jerusalem zerstört wurde. Auch Elias Bächlein war nicht voll Wasser, als es überall trocken wurde, sondern trocknete genauso aus, und Jesu Identifikation mit uns ging so weit, dass er lieber am Kreuz für uns starb, als ohne uns leben zu müssen. Mose stellte sich quer vor Gott, um ihn von seinem Vorhaben abzubringen das Volk zu vernichten – und das tat er erst noch mit Erfolg! Es gibt also keine „neutralen" und „aussenstehenden" Propheten, die von aussen her etwas sagen, ohne dann nicht voll mit drin zu hängen, in dem, was sie sagen. Es gibt keine Prophetie ohne Verantwortung für die Menschen, denen man ein prophetisches Wort mitgibt. Es gibt keine lieblose Kritik – genauso wenig wie es billigen Trost gibt. Es gibt nur Propheten, die sowohl Gott wie auch die Menschen leidenschaftlich lieben und wenn Gott und die Menschen Konflikt miteinander haben, dann sind das Momente, wo es die Propheten schier zerreisst, weil sie beide gleichermassen lieben und ihre Treue beiden gehört. Für uns heisst das, dass Prophetie immer in und mit der Gemeinde geschieht. Eine prophetische Predigt gibt nicht einfach die neusten Infos von Gott weiter, sondern will in einen Prozess der Veränderung führen, in dem der Prophet solidarisch mit drin steht.

2. Prophetisch predigen heute

Nun taucht die Frage auf, was das für unsere Verkündigung heisst.

Als Verkündiger sind wir alle beseelt von der Sehnsucht nach dem Reich Gottes. Nachfolger Jesu im Allgemeinen und Verkündiger im Besonderen sind einerseits ein permanenter Unruheherd in einer zufriedenen Gesellschaft und andererseits voller Hoffnung und Träume, wenn alle in Resignation versinken. Wir wissen darum, dass Gott aller Selbstzufriedenheit ein Ende bereiten kann, wir wissen aber auch, dass Gott aus Trümmern sein Reich, aus einer Wüste einen Garten und aus Scherben ein Kunstwerk machen wird. Dieses Wissen erfüllt uns, gibt uns Mut, Hoffnung und die Bereitschaft auch Auseinandersetzungen auf uns zu nehmen. Wir wissen um das Letzte, um Gottes Herrschaft, deshalb lassen wir uns nicht vom Vorletzten bestimmen und vereinnahmen. Prophetisch predigen heisst also immer, vom Letzten her kommend in die Gegenwart zu predigen und das ist immer mehr als einfach einen Text erbaulich auszulegen. Es bedingt im Text die Vision des Eschatons zu sehen und beseelt davon das Wort des Herrn, also nicht nur die Auslegung des Textes, an die Gemeinde weiterzusagen. Diese Bestimmtheit durch das Letzte bringt es auch mit sich, dass prophetische Verkündigung zu einer Frage des Lebensstils wird, ein Lebensstil, der geprägt ist von der Erwartung des Letzten: Ein prophetischer Lebensstil, der Zeichen der Hoffnung setzt, wo alle verzweifeln, der sich aber auch einmal verweigert zu jubeln, wenn alle „Hurra!“ schreien. Und beides tun wir nicht, weil wir es besser, biblischer oder sonst irgendwie richtig finden, sondern weil wir Gott und daher das Letzte kennen und die Menschen lieben und nie zwischen der Hingabe wählen werden.

Für die Verkündigung heisst das: Prophetisch predigen wird nur, wer von der Sehnsucht nach dem Reich Gottes her lebt, vom „Ende her“ die Welt deutet und predigt und wer Betroffenheit zulässt. Diese Betroffenheit gründet sowohl auf Gottes Anspruch und Zuspruch, wie auch auf dem Zustand des Gottesvolkes – entweder weil er voller Resignation oder voller Überheblichkeit ist. Beides macht den Propheten gleichermassen betroffen. Prophetisch predigen wird immer nur, wer sich selber als Beteiligter, als Teil des Gottesvolkes erkennt und erfährt (Jes. 6,1-13; *„Wehe mir, ich bin von unreinen Lippen“*). Wer aus der Distanz versucht Prophet zu sein, mag zwar predigen, aber sicher nicht prophetisch. Prophet sein bedeutet immer Nähe zu erlebe und zwar Nähe zu Gott, die immer auch gefährlich ist, und Nähe zu den Menschen. Beim Propheten kommt deshalb zur Orthodoxie und zur Orthopraxis die Orthopathos; die geistliche Leidenschaft für Gott und für sein Volk. Der Prophet wird nie zwischen diesen beiden wählen, sondern im Konfliktfall leiden.

Wer nur aus einer Betroffenheit aufgrund des Anspruch Gottes heraus predigt, („ich musste es einfach sagen“) wird nie wahrhaft prophetisch predigen, denn ihm fehlt die Liebe, die Loyalität zum Volk, die für Gott so wichtig ist. Wer nur aus der Betroffenheit über den Zustand des Gottesvolkes heraus predigt, dem fehlt die Orientierung an Gottes Anspruch oder Zuspruch.

Somit ist prophetisches Predigen keine Frage der Technik oder der Methodik, sondern der Liebe, der Hingabe und der Nähe. Diese Nähe, Hingabe und Liebe darf jedoch nicht mit „spontaner Willkür“ verwechselt werden. Nähe, Hingabe, Liebe und Sehnsucht sind kein Gegensatz zur Vorbereitung, zur Reflexion und zum Denken, denn z.B. Betroffenheit werde ich erst erfahren, wenn ich mich eingehend mit der Situation der Gemeindeleute und/oder dem Wort Gottes beschäftige. Erst das offene Hören und die intensive Auseinandersetzung mit dem, was Gott als Prozess einleiten möchte und dem, wo die Gemeinde sich befindet, wird es mir möglich machen, prophetisch zu predigen. Auch hier gilt: Inspiration durch Präparation.

Fragen zur Vertiefung

- Wie wird in meiner Verkündigung meine Sehnsucht nach Gottes Reich spürbar und fassbar?
- Wie lebe ich Nähe zu Gott und zu den Menschen aus? Bin ich vertraut mit Gott, bin ich vertraut mit den Lebensumständen der Gemeindeglieder?
- Was macht mich betroffen? Wie äussert sich meine Betroffenheit?
- Wo kann ich mit meiner Verkündigung und meinem Lebensstil ein Zeichen der Hoffnung und der Liebe setzen?
- Wo setze ich durch meine Verkündigung und meinen Lebensstil ein positives Zeichen der Verweigerung gegenüber Entwicklungen, die Gott schmerzen?

Printed by Books on Demand GmbH, Norderstedt / Germany